ÉMILE VANDERVELDE

MINISTRE DE LA JUSTICE DE BELGIQUE

DANS LA MÊLÉE

BERGER-LEVRAULT, ÉDITEURS

NANCY-PARIS-STRASBOURG

1919

DANS LA MÊLÉE

DU MÊME AUTEUR

Enquête sur les Associations professionnelles d'artisans et d'ouvriers en Belgique (1892).

Le Socialisme en Belgique. (En collaboration avec Jules Destrée) (1902).

Le Collectivisme et l'évolution industrielle (1902).

L'Exode rural et le retour aux champs (1903).

Essais socialistes (1905). — 1 vol. (Alcan).

La Belgique ouvrière (1906).

La Belgique et le Congo (1911). — 1 vol. (Alcan).

La Coopération neutre et la coopération socialiste (1913). — 1 vol. (Alcan).

La Belgique envahie et le socialisme international (1917). — 1 vol. (Berger-Levrault).

Trois aspects de la Révolution russe (1917). — 1 vol. (Berger-Levrault).

Le Socialisme contre l'État (1918). — 1 vol. (Berger-Levrault).

ÉMILE VANDERVELDE

MINISTRE DE LA JUSTICE DE BELGIQUE

DANS LA MÊLÉE

BERGER-LEVRAULT, ÉDITEURS

NANCY-PARIS-STRASBOURG

1919

IMPRESSIONS DE GUERRE

EN TERRE RECONQUISE (1)

LES CYCLISTES DE LUYGHEM

Dans ce cinq centième numéro du *Courrier de l'Armée,* je ne ferai ni exhortations ni appels à la résistance. Nos troupes n'en ont pas besoin. Mais je veux leur rendre hommage, en disant ce que j'ai vu l'autre jour, au front.

C'était le 30 octobre, au matin.

Nous avions lu, la veille, dans le communiqué, qu'à la gauche des Français, les Belges avaient avancé, qu'ils avaient pris pied, entre l'Yser et le Blanckaert, dans la presqu'île de Luyghem, que des patrouilles avaient poussé jusqu'à quatre kilomètres de notre ligne principale et ramené bon nombre de prisonniers.

Quelques-uns de ces capturés — ceux de la dernière nuit — étaient encore au quartier général. Des gendarmes les fouillaient et les interrogeaient. On me les montra : deux ou trois jeunes hommes, d'aspect minable, et de vieux landsturms, chauves ou grisonnants, qui me saluèrent avec un respect

---

(1) Article paru dans le 500e numéro du journal belge *Le Courrier de l'Armée*, en novembre 1917.

aussi automatique que si j'avais été le maréchal von Hindenburg en personne.

Si ces pauvres diables, en uniformes loqueteux, étaient là — et ils n'avaient pas l'air de s'en plaindre — ils le devaient, sans doute, au camarade, cueilli la nuit précédente, qui avait, avec une précision minutieuse, indiqué la direction à suivre et les fossés bourbeux à franchir, pour aller les prendre au nid. L'expédition faite, on put se convaincre que tous ses renseignements étaient rigoureusement exacts.

Mais il nous tardait de fouler le sol libéré par nos troupes.

L'auto du Q. G. nous conduisit — ce qui eût été impossible l'avant-veille — jusqu'à la première ligne, séparée désormais des Allemands par trois kilomètres de terrains marécageux.

Six hommes, avec leur sergent, étaient là, portant sur leur capote l'insigne d'une compagnie de cyclistes.

Le 28 octobre, dans la nuit, ces braves avaient franchi un bras du Blanckaert et étaient parvenus jusqu'à la ferme du Nénuphar, fortement organisée et occupée par vingt et un Allemands. Ils leur tombèrent dessus, leur firent lever les mains et, au retour, on vit ce spectacle peu banal de sept Belges ramenant trois fois plus de prisonniers allemands !

Ai-je besoin de dire avec quelle effusion nous leur serrâmes la main ? Le général de la D. A., en français et en flamand, leur adressa des félicitations méritées. J'ajoutai quelques mots de tout cœur. Puis nous poursuivîmes notre route, le long de la passerelle à claire-voie qui longe toute la ligne des tranchées.

En cette partie du front, il fait généralement calme. C'est presque la vie du cantonnement, avec plus de repos. Dans une maison de paysans, adossée à la tranchée même, nous trouvons des vieux qui n'ont pas voulu partir. Les soldats lisent, raccommodent leurs effets, vont prendre de la soupe aux cuisines qui, elles aussi, sont dans la tranchée même.

Nous causons avec eux, et ce nous est une joie de constater qu'après trois ans de guerre — et quelle guerre ! — ils sont, comme au premier jour, impatients de faire leur devoir, jaloux seulement de constater que des camarades ont eu la chance d'être les premiers à déloger les Allemands.

Mais nous voici au point où une digue se détache de la première ligne, à travers la zone inondée.

Hier encore il était impossible d'y passer en plein jour. Des mitrailleuses boches étaient là, à six cents mètres, prêtes à faucher qui s'y risquerait. Mais nos carabiniers ont fait place nette. Nous pouvons aller, en nous promenant, jusqu'aux « postes aquatiques », d'où les cyclistes sont partis pour s'emparer des positions allemandes, là-bas, du côté de la Canardière, dans la presqu'île de Luyghem.

Déjà, d'un bord à l'autre, les communications sont établies. Des canots circulent entre les roseaux, et, avant quelques jours, des passerelles seront établies, qui relieront à la terre ferme les positions conquises.

Modeste conquête, assurément. Mais conquête tout de même. Et d'avoir gagné ces deux ou trois mille mètres, de savoir qu'à côté de nous, par bonds successifs, les Français et les Anglais s'avancent, occupant les crêtes, enveloppant cette forêt de Houthulst — dont on dit que les maîtres sont les maîtres de la Flandre — nous sentions dans nos cœurs, nous devinions dans le cœur des autres l'espoir qui renaît, qui grandit, qui crée la confiance et l'enthousiasme.

Et pour nous qui savons ce que nos hommes ont enduré, qui avons appris de nos alliés leur étonnement, lorsque, arrivés sur l'Yser où ils croyaient être au repos, ils y ont trouvé plus de fatigues et plus de misères qu'ailleurs, c'est avec un sentiment de gratitude infinie que, revoyant au retour le sergent cycliste et ses six hommes — avant-garde héroïque de la reprise du sol natal — nous leur avons, encore une fois, serré la main.

Ils ont donné, par leur audace, un grand exemple. Le Gouvernement et le Pays ne les oublieront pas.

L'ANNIVERSAIRE DU CHIFFON DE PAPIER (1)

Je vous remercie d'avoir associé, dans cette commémoration, la petite Belgique à la grande France et à la grande Angleterre.

Au moment où la coalition des peuples libres met en commun toutes ses ressources et toutes ses forces, l'apport de notre pays ne représente matériellement que peu de chose. C'est le denier de la veuve. Notre territoire est occupé. Nos finances sont ruinées. La plupart de nos jeunes gens d'âge militaire sont de l'autre côté des lignes militaires. Mais j'ose dire que, dans la grande Alliance, la Belgique constitue une valeur morale de premier ordre, elle est un argument, un idéal, un symbole du Droit violé et du Devoir accompli.

Ce 4 août est l'anniversaire de deux séances historiques : l'une du Reichstag allemand, devant la statue de Bismarck, l'autre, du Parlement belge, près de la Colonne du Congrès national.

Je me figure ce que dut être la première : dans ce palais somptueux, qui abrite l'ombre d'une représentation populaire, le chancelier de l'Empire,

---

(1) Discours prononcé à Londres, le 4 août 1916.

dressant sa haute taille, bureaucrate en uniforme militaire, et annonçant, avouant l'injustice commise contre la Belgique : *Not kennt kein Gebot* (Nécessité ne connaît pas de loi). Et quelle était cette nécessité ? Était-ce la défense de l'Allemagne, la lutte pour l'existence de l'Empire ? point. En attaquant notre pays, sans excuse et sans provocation, on cherchait simplement un chemin libre pour mieux attaquer la France ! On commettait un crime pour consommer plus aisément un autre crime.

Presque à la même heure, cependant, les Chambres belges étaient réunies. On venait d'annoncer que les armées allemandes avaient passé la frontière. Dans cette assemblée, que divisaient naguère si profondément d'âpres antagonismes politiques et sociaux, l'unanimité s'était faite contre l'envahisseur. Les républicains avaient acclamé le Roi. Toute l'Assemblée, debout, avait ratifié cet engagement du ministre de la Guerre : « Nous pouvons être vaincus, nous ne serons jamais soumis. » Et à cette heure même, lui faisant écho, les canons de Liége appuyaient la réponse de la Belgique.

Certes, nous ne le savons que trop, cette résistance — un contre dix — ne pouvait être victorieuse.

Un homme ne peut arrêter un train. Mais en se jetant sous lui, il peut le faire dérailler. La Belgique, en se sacrifiant, n'a pas arrêté le train express de l'Allemagne, mais elle l'a fait dérailler.

Notre défaite de Liége a rendu possible la victoire de la Marne !

C'est de cela que l'on a voulu nous punir, en brûlant nos villes, en décimant nos populations, en pratiquant, pour les contraindre au travail, au travail pour l'ennemi, le régime de la menace, le chantage de la faim. Et, sans doute, au spectacle de ces ruines, d'aucuns ont pu se dire : la Belgique est morte ! *Finis Belgiæ !*

Mais à l'heure actuelle, après deux ans de guerre, nous avons conscience d'assister à une véritable résurrection.

L'armée belge, après Anvers, se composait à peine de quelques milliers de combattants. Comme les soldats de Bonaparte, ils n'avaient ni vêtements ni souliers, mais au lieu d'avoir devant eux, sous le soleil, les plaines fertiles de l'Italie, ils étaient sous la pluie de novembre dans les tranchées boueuses de l'Yser. Aujourd'hui, nous avons deux cent mille hommes en solde, aguerris par l'épreuve, bien nourris, bien équipés, prêts à faire l'effort décisif aux côtés de leurs frères d'armes de France et d'Angleterre, pour rentrer victorieusement au pays.

A la fin de 1914, les Allemands chassaient devant eux plus d'un million de Belges arrachés à leurs foyers, n'ayant pas une pierre pour reposer leur tête. Vous les avez vus arriver en France, en Angleterre, où, sans vous, ils seraient morts de faim, de froid ou de misère. Aujourd'hui, ces mêmes hommes, adaptés à leur milieu, peuplent les fabriques de munitions, les ateliers de matériel de guerre et aident les vôtres à forger le glaive de la Victoire !

Depuis deux ans, enfin, dans la Belgique occupée l'envahisseur n'a reculé devant aucun moyen pour terroriser les populations, pour les forcer au travail par une pression directe ou indirecte.

Mais aujourd'hui, comme hier, la majorité du peuple belge tient bon, continue la grève des bras croisés, fait la grève générale contre l'ennemi, jusqu'aux dernières limites de l'endurance.

Sur environ 1.200.000 ouvriers industriels, dont 200.000 ou 300.000 sont à l'armée ou hors du pays, il y a, dans la Belgique occupée, 700.000 chômeurs qui, plutôt que d'aider l'ennemi, se contentent d'une indemnité de chômage de 3 francs *par semaine,* plus 1f50 pour la femme et 50 centimes par enfant.

Est-il besoin d'ajouter que malgré l'œuvre admirable du Relief for Belgium, nos ouvriers, avec d'aussi faibles ressources, sont soumis à un régime de sous-alimentation chronique ?

Puisque j'ai l'honneur de parler aux côtés de Lord Robert Cecil, ministre du Blocus, il me permettra de lui lire ce passage émouvant d'une lettre que l'on vient de m'écrire de Bruxelles :

« La misère grandit, et il y a 60 % de malades parmi les enfants et les vieillards. Aussi est-il indispensable d'augmenter les rations. Il faudrait les accroître au moins de 150 grammes de pain par jour, de 200 grammes de graisse par semaine, de 250 grammes de lard également par semaine. »

Ces chiffres seuls suffisent à montrer ce que doit être, actuellement, en Belgique, le *standard of life* des familles prolétariennes. Eh bien! malgré ces privations, leur moral ne fléchit point, et hier encore, nous recevions des représentants les plus qualifiés de la classe ouvrière un émouvant message qui nous adjurait de ne pas céder, de ne pas songer à une autre paix qu'une paix victorieuse, fondée sur la justice et sur le droit.

Par bonheur, tout nous autorise à espérer que cette paix est désormais prochaine.

Au début de cette guerre, Lord Kitchener avait prédit, assure-t-on, qu'elle durerait trois ans. Il a fallu une première année pour arrêter l'ennemi, sur la Marne, sur l'Yser, sur la Dwina. Il en a fallu une seconde pour organiser la victoire. Voici que la troisième année commence. Sera-ce l'année du triomphe.

LA BATAILLE DE L'YSER [1]

(Octobre 1914)

A Paris, à Londres, à Sainte-Adresse, les Belges commémorent en ce moment la bataille de l'Yser. Ils ne furent pas seuls, certes, à la gagner. Ils eussent sans doute succombé sous le nombre, sans les renforts du général Joffre, sans les divisions du maréchal French, qui protégèrent leur aile droite. Mais c'est notre droit et notre orgueil, à nous, de rappeler qu'à une heure critique, lorsque quatre corps allemands se ruaient sur Calais, avec le ferme propos de passer à tout prix, les jeunes soldats de l'armée belge, sans autre appui que 6.000 fusiliers marins, surent tenir assez longtemps pour sauver ce qui restait de leur pays, pour imposer à l'avance allemande une limite qu'elle n'a point dépassée.

Il faut avoir vu, comme je l'ai vu, nos troupes après Anvers, pour juger de ce que furent leur effort et leur ténacité.

C'était le 15 octobre.

Sur la route de Nieuport à Dunkerque, un flot immense de réfugiés, entraînant avec lui 30.000

---

(1) Article paru dans le *Petit Parisien* du 29 octobre 1916.

hommes de la garnison d'Anvers, débandés, désarmés, ayant jeté leurs fusils et leurs sacs, roulait, en pleine débâcle, vers la frontière.

A Furnes, sur la vieille place espagnole, noire de monde, des gardes civiques licenciés, des fonctionnaires que l'invasion avait chassés de leurs bureaux se laissaient aller, dans une clameur de défaite, aux prédictions les plus sinistres : les Allemands arrivaient; la résistance était impossible; la Belgique était perdue.

Cependant, sur les lignes de l'Yser où l'armée de campagne venait de s'arrêter, la bataille s'engageait.

Pour tenir tête sur un front de vingt-cinq kilomètres à des forces deux fois supérieures, les Belges étaient 70.000, avec, du côté de Dixmude, les 6.000 marins de l'amiral Ronarc'h, dont Le Goffic, dans un beau livre, a dit les exploits glorieux.

A ces hommes, si éprouvés et qui semblaient devoir être à bout, on ne demandait qu'une seule chose : subir le premier choc, gagner quarante-huit heures, donner aux renforts français le temps d'arriver.

Mais les quarante-huit heures passées, rien n'était venu, et pendant sept jours, du 15 au 22 octobre, les Belges, avec leurs frères d'armes au pompon rouge, restèrent seuls, sous la mitraille, épuisés, affamés, cramponnés désespérément aux dernières mottes de leur sol natal, et, malgré tout, fidèles, jusqu'à la mort, à cette consigue du grand quartier général : « Résister à outrance, tenir malgré tout. »

Du côté de la mer, cependant, une flotte anglaise avait surgi, écrasant sous ses énormes obus les positions allemandes. Plus loin, déclenchée par une main invisible, l'inondation des basses terres commençait sournoisement à envahir les tranchées ennemies. Du côté d'Ypres, quelques divisions britanniques nous empêchaient d'être tournés. Mais, au centre, on perdait du terrain. Le 22 octobre, les Allemands franchissaient l'Yser, se dirigeaient vers la ligne du chemin de fer de Nieuport à Dixmude et, au delà de cette ligne, menaçaient le village de Ramscappelle.

De ma vie, je n'oublierai ce spectacle.

Nous étions au poste de combat de la 1re division, près de l'église. Le champ de bataille semblait désert. De temps à autre seulement, on voyait quelques hommes courir entre deux tranchées, comme des lapins sautant de terrier en terrier. Devant nous, les fumées d'une canonnade effroyable tendaient un rideau noir, étoilé par l'éclatement jaunâtre des shrapnells. De tous côtés, des marmites tombaient, tuant des vaches et creusant dans la prairie des cratères boueux. L'après-midi touchait à sa fin. Le fléchissement des nôtres n'était que trop visible. Il était temps que les Français arrivent, si l'on voulait sauver Calais, si l'on voulait rester en Belgique.

Nous rentrions à Furnes, le cœur serré, au

moment où la nuit tombait, lorsqu'un homme nous dit :

— On passe une revue sur la place.

Une revue à pareil moment ! C'était invraisemblable et c'était vrai. Le roi Albert était là. Le général Joffre était là, et, devant eux, parmi les acclamations en tempête de la foule, des bataillons de chasseurs défilaient, alertes, mordants, courant au feu comme à une fête et communiquant à tous leur certitude de vaincre, leur ivresse de combattre.

La nuit d'après, Ramscappelle était nettoyé ; les Allemands étaient ramenés au delà de la ligne du chemin de fer, qu'ils ne devaient plus jamais franchir ; la bataille se dispersait en actions locales ; l'armée belge gardait assez de terre pour y planter ses drapeaux.

Depuis lors, elle est restée là, vigilante et tenace. Ses effectifs sont reconstitués. Son moral ne fléchit point. Elle serait prête à se défendre, à se défendre comme elle s'est défendue en 1914, si les Allemands songeaient à l'attaquer. Et, de même, elle est prête à aller de l'avant, le jour où le haut commandement des armées alliées lui en donnera le signal.

Ce signal, les héros de l'Yser l'attendent avec impatience, car, le jour où ils devront se battre encore, ce sera pour rentrer chez eux. Quand ils regardent dans leur périscope, par-dessus les sacs de terre des tranchées, ils voient le clocher d'Ostende, ils distinguent, à travers la brume, les trois tours de Bruges, et, sans doute, ils voient aussi, comme dans un rêve, le beffroi de Gand ou l'hôtel de ville de Bruxelles, et ils attendent l'heure, l'heure qui tout paiera, où dans le rayonnement de la victoire commune, ils reverront leurs foyers et rentreront en triomphateurs dans la patrie libérée.

DE DOUVRES A CALAIS EN VOLANT (1)

Nous sommes à bord de la malle de Folkestone—Boulogne, avec 1.500 permissionnaires, soldats, qui retournent au front. La mer est calme. Le ciel est clair. Assis au soleil sur le pont supérieur, je m'amuse à regarder la foule bigarrée des officiers britanniques, où l'Égyptien au fez à croissant d'or voisine avec les Indiens en turban, les gens des antipodes au vaste feutre mou, les Écossais en jupon court ou les Anglais en casquette et en culotte de cheval.

Mais voici qu'un remous se produit dans cette foule. Il paraît que l'on ne part pas, que l'on ne partira pas avant demain. Les dirigeables qui survolent la Manche doivent avoir signalé un sous-marin ou aperçu des mines flottantes, détachées par la tempête. Bref, en un clin d'œil le bateau se vide. Les soldats, débarqués, se dirigent en sifflant vers quelque caserne et, sur le quai désert, je me trouve en tête à tête avec l'officier belge qui doit porter « quelque part en Flandre » le courrier royal.

— Vous voilà bien empêché, lieutenant. Je ne le suis d'ailleurs pas moins que vous, car j'ai un

---

(1) Article paru dans le *Petit Parisien* du 12 novembre 1916.

Conseil demain et n'arriverai pas à temps, si nous ne trouvons un moyen de fortune.

— Mais lequel? Les généraux anglais qui étaient à bord vont s'embarquer sur un torpilleur. Mais avant d'avoir les autorisations nécessaires, leur bateau serait déjà parti.

— Et en avion? Je pourrais, si vous le voulez, emporter votre courrier.

— C'est une idée. Voulez-vous qu'on téléphone au parc d'aviation pour demander que l'on vienne vous prendre?

J'accepte sur-le-champ. Nous allons à la Sûreté militaire et commandons un taxi aérien pour l'après-midi.

Vers 3 heures, on téléphone que l'aéro vient de partir et que l'on me donne rendez-vous sur la falaise où il y a quelques années — si peu d'années — Blériot atterrit pour la première fois, venant de France.

Ce qui était alors un exploit prodigieux est devenu la chose la plus simple du monde, et, sans doute, après la guerre, nous lirons cette réclame : « De Calais à Douvres par voie aérienne ; la plus rapide et la plus sûre. »

Le soleil se couchait déjà, lorsque, dans le ciel sans nuages, nous entendons, puis voyons arriver notre oiseau.

Il descend vers nous en décrivant une courbe gracieuse, s'arrête tout juste le temps nécessaire pour m'enlever, avec la valise du courrier, et s'élance à nouveau, jusqu'à la lèvre de la falaise, pour bondir par-dessus Folkestone et piquer droit sur Calais.

L'heure est admirable. A l'endroit où vient de plonger le soleil, l'horizon s'illumine de toutes les splendeurs du crépuscule, et, de l'autre côté, la pleine lune se lève éblouissante sur la mer et la côte déjà sombres.

D'un élan nous montons à huit cents mètres. La côte anglaise disparaît. Le cap Gris-Nez se dissimule derrière un voile de nuages, qui grandit, monte vers nous, bouillonne comme les vapeurs d'une immense chaudière, et, tout à coup se déchirant, nous découvre, presque dans la nuit, Calais avec son phare, l'antenne de ses estacades, et à perte de vue, dans les dernières heures du jour, la ligne droite des routes et la courbe sinueuse de quelques rivières.

Je regarde ma montre : il y a vingt-cinq minutes exactement que nous sommes en route et déjà notre oiseau, pour se poser, descend en longues courbes, tourne autour des baraquements de l'aérodrome et vient atterrir entre les quatre feux allumés à son intention.

L'instant d'après, je remettais en mains sûres le courrier royal et partais pour Le Havre, en songeant que j'aurais été plutôt étonné si l'on m'avait dit, il y a deux ans, que je porterais un jour, en volant, des lettres pour le roi des Belges, faute de pouvoir passer la Manche par d'autres moyens.

LE 4 AOUT (1)

Poilus et vî paltots, c'est à vous que je parle!

Personne parmi les Belges ne serait autant à plaindre que vous, si ce n'était pas une grande, une sainte chose, que de souffrir pour son pays, que de se battre pour la liberté.

Il y a trois ans, aujourd'hui, que les plus anciens d'entre vous ont pris les armes.

Trois ans pendant lesquels ils n'ont plus vu leurs parents ou leurs femmes; trois ans passés loin de leurs foyers, vivant de peu, couchant à la dure, n'échappant au danger que pour connaître les corvées du cantonnement ou les fatigues de l'exercice.

Je vous ai vus à l'œuvre, devant Malines, devant Anvers, devant Dixmude.

Je vous ai rencontrés autour de Calais, ou dans les boyaux pleins de boue de Ramscappelle ou de Caeskerke, quand les pluies de novembre vous perçaient jusqu'aux os et — en 1914 — quand les officiers ramassaient sur la route les croûtes de pain jetées par les soldats.

J'ai pensé à vous avec une anxiété fraternelle, lorsque les fortes gelées de l'hiver, les torpillages

(1) Article paru dans le *Courrier de l'Armée* du 4 août 1917.

de la guerre sous-marine, les difficultés de toutes sortes du ravitaillement, vous privaient de pommes de terre et vous réduisaient à mettre dans vos gamelles des haricots « kaki ».

Et, maintenant, je suis avec vous, de toute ma pensée et de toute mon âme, à cette heure solennelle, décisive peut-être, où la bataille des Flandres recommence, où, de Nieuport à Lens, des milliers de canons crachent le feu et la mort, où, dans leurs tranchées, des milliers de Belges, de Français, d'Anglais, attendent le signal d'aller de l'avant.

Je sais que vous êtes prêts. Je sais qu'il n'y a pas d'endroit au monde où l'on connaisse moins le cafard qu'au front et qu'il n'y a pas de soldats plus patients, plus fermes, plus courageux que le soldat belge.

C'est pourquoi, si je vous écris, ce n'est pas pour vous donner courage, mais pour vous souhaiter bonne chance. C'est aussi pour vous dire que nous avons toutes raisons d'avoir confiance.

Pendant les huit premiers jours de la guerre, vous étiez seuls, et vous avez tenu.

Vous avez vu successivement venir à la rescousse, depuis lors, la Russie et la France, l'Angleterre et l'Italie, la Roumanie, la Grèce et, appoint formidable, décisif, les États-Unis d'Amérique.

Quand vous vous battiez sur l'Yser, vous n'aviez contre les canons lourds des Allemands qu'une artillerie de campagne dont les canons étaient usés jusqu'à l'âme.

Aujourd'hui, ce 4 août 1917, vous pouvez voir de vos yeux, préparant et appuyant votre effort, l'artillerie la plus formidable qui ait jamais été alignée sur un champ de bataille.

On vous dira peut-être que les choses ne vont pas bien en Russie ; mais elles eussent été bien plus mal si le tsarisme n'avait pas été abattu, et tous ceux qui ont lu l'histoire de la Révolution française ont appris qu'elle ne devint vraiment forte que sous le coup de fouet de ses premières défaites.

On vous dira encore que la paix, la paix tant attendue, tarde à venir, que la victoire, la victoire nécessaire, se fait attendre, que si l'Allemagne à l'heure actuelle ne peut plus vaincre, elle reste assez forte et assez obéissante pour défendre ses maîtres contre les soldats de la liberté.

Soit !

Je ne suis pas de ceux qui se paient de mots, qui se refusent à voir les difficultés, qui essaient d'abuser les autres en se donnant des illusions à eux-mêmes.

Oui, la lutte sera dure. Oui, il faudra encore de rudes efforts pour qu'elle se termine.

Mais l'enjeu de cette lutte, c'est notre existence même comme nation, c'est l'indépendance de la Belgique, c'est la liberté de l'Europe, c'est l'avenir même de la démocratie dans le monde.

Et pour sauver la liberté, pour fonder la démocratie, nous avons avec nous toutes les nations libres et toutes les démocraties.

La Belgique aura eu cette gloire de subir le premier choc. La France, par son effort sublime, a arrêté et refoulé l'invasion. La Russie, par sa révolution, a rendu moralement impossible le maintien des derniers représentants du tsarisme : à Berlin, à Vienne, à Constantinople. L'Angleterre, sous vos yeux, se prépare au plus puissant, au plus gigantesque effort qui ait jamais été tenté contre le militarisme prussien : elle l'étreint déjà, elle l'épuise, elle lui porte des coups mortels, et même si demain elle ne l'achève pas, même si, pendant quelques mois, la victoire balance encore, voici l'Amérique qui se lève, avec ses cent millions d'hommes, avec ses richesses inépuisables, avec ses inventeurs, ses ouvriers, son génie industriel. Elle se prépare. Elle s'organise. Elle sera bientôt prête, et ce sera la victoire finale.

Bonne chance donc, mes amis, et bientôt nous nous retrouverons en Belgique : la Belgique nouvelle, démocratique et libre, parmi les libres démocraties de l'Europe et du monde.

II

ENTRE SOCIALISTES

LA SITUATION RÉELLE EN BELGIQUE. LA VISITE DES SOCIALISTES SCANDINAVES (1)

L'Agence Wolff a fait savoir au monde que des socialistes danois et suédois, escortés de journalistes allemands, avaient parcouru la Belgique et constaté que, grâce à l'administration de M. le général von Bissing, leur hôte, tout y était pour le mieux.

Rentrés chez eux, cependant, nos camarades danois se sont aperçus qu'on leur avait fait jouer un rôle étrange, et ils publient, dans le *Social-Demokraten* de Copenhague, la déclaration que voici :

« C'est évidemment le journaliste qui nous accompagnait qui, dans son télégramme, a parlé de la « vie populaire, animée et joyeuse » de Bruxelles. Nous-mêmes, et bien que la vie de Bruxelles et des environs ait un aspect à peu près normal, nous n'aurions pas employé une telle expression. La vie reprend le dessus malgré les douleurs et les peines, et la « Maison du Peuple » nous est apparue comme avant la guerre. Invités, non par le Gouvernement, mais par les syndicats

---

(1) Article paru dans le *Daily Chronicle* du 26 août 1916.

ouvriers qui ont payé les frais, nous avons surtout visité les institutions sociales, et ce que nous avons vu nous a remplis d'admiration pour le génie d'organisation allemand. La plupart des industries sont en pleine activité et c'est à peine s'il y a 40.000 chômeurs en Belgique. La moisson, qui s'annonce très belle, est déjà confisquée pour le propre ravitaillement de la Belgique, affirment les Allemands. A Louvain, 800 maisons et la célèbre bibliothèque ont été détruites. Par contre l'hôtel de ville et la cathédrale sont indemnes. Seul un obus a endommagé une corniche de la cathédrale.

« A Bruxelles, 3.000 femmes touchant, outre le déjeuner de midi, 3 francs de salaire journalier, cousent des sacs en papier. Les femmes travaillant chez elles pour une fabrique de tricotage de laine gagnent de 7 à 8 francs par semaine. On n'a nullement l'impression que la population belge soit mal nourrie ou affaiblie. Tous les camarades socialistes allemands considéraient comme une chose certaine que la Belgique sera rétablie dans son indépendance. »

Tout n'est pas inexact dans cette déclaration.

A l'observateur superficiel, la Maison du Peuple peut apparaître comme avant la guerre. On n'y voit plus, néanmoins, le Bureau socialiste international, chassé de Bruxelles par l'invasion.

Les socialistes danois ou suédois sont évidemment libres de tomber en extase devant le génie d'organisation allemand. Peut-être, cependant, après avoir visité Louvain, eussent-ils pu trouver autre chose à dire de la mentalité germanique.

Mais ce qui passe la mesure et doit être relevé sans retard, c'est cette affirmation étonnante : *La plupart des industries sont en pleine activité, et c'est à peine s'il y a 40.000 chômeurs en Belgique.*

Il faut, en effet, ne rien connaître de la situation réelle de la Belgique, pour ignorer qu'à part les mines et l'agriculture, la plupart des grandes industries chôment, soit parce qu'elles n'ont pas de matières premières, soit parce qu'on a réquisitionné leurs machines pour les transporter en Allemagne, soit enfin parce que les ouvriers belges font la guerre des bras croisés, acceptant de s'imposer les plus dures privations plutôt que de travailler pour l'ennemi.

Que l'on veuille relire, à cet égard, le dernier rapport de la Commission for Relief in Belgium : il constate que, sur une population de 7 millions d'habitants, 3.500.000 personnes vivent de l'assistance qui leur est donnée par les États-Unis, par les pays alliés, par le Gouvernement belge.

Mais voici, sur ce point essentiel, des données plus précises et plus récentes.

J'ai reçu ces jours derniers, d'un membre du Parlement belge, en situation d'être particulièrement bien informé, une lettre dont je veux extraire simplement quelques chiffres.

Avant la guerre, il y avait en Belgique à peu près

1.200.000 ouvriers industriels. Sur ce nombre, beaucoup sont à l'armée, sur l'Yser. D'autres travaillent dans les champs et les usines d'Angleterre ou de France.

Néanmoins, au commencement d'août, la statistique des chômeurs en Belgique s'établissait comme suit :

	CHOMEURS	SUBSIDES par semaine
	—	—
Adultes	700.000	3f 00
Ménagères	400.000	1 50
Enfants au-dessous de seize ans.	500.000	0 50

Si les invités des syndicats allemands, au lieu d'interviewer le général von Bissing, s'étaient mis en mesure d'interroger sur ce point l'un ou l'autre de nos camarades belges, ils n'auraient pas commis l'erreur colossale — 40.000 chômeurs au lieu de 700.000 ! — qui, en s'accréditant, risquerait de causer à la Belgique le préjudice le plus grave, en détournant d'elle les secours dont elle a besoin pour ne pas mourir de faim !

Même actuellement, d'ailleurs, les populations de la Belgique occupée ne vivent que tout juste.

Voici, en effet, ce que m'écrit mon correspondant :

« La misère commence à se faire sentir, surtout pour les vieillards et les enfants, dont 60 % sont malades ou chétifs. L'alimentation est insuffisante. On ne peut résister dans les milieux ouvriers si on n'augmente pas les rations. Il faudrait agir avant l'hiver, afin d'obtenir, coûte que coûte, une augmentation des rations de pain, graisse et lard :

« 150 grammes de pain en plus sont nécessaires *par jour*.

« 250 grammes de graisse *par quinzaine*.

« 250 grammes de lard *par quinzaine*.

« Les ouvriers ne peuvent acheter ailleurs : les prix sont exorbitants. La situation des petits employés et petits bourgeois est également triste et terrible : tout est très cher, trop cher. »

Les délégués socialistes scandinaves, cependant, n'ont eu nullement l'impression que la population belge était mal nourrie ou affaiblie.

On nous permettra de préférer à cette « impression » le témoignage, après enquête, de M. William Palmer Lucas M. D., dont le rapport, *The General Health Conditions of Belgium*, vient précisément d'être édité par la Commission for Relief.

M. Palmer Lucas, certes, constate que ni les classes agricoles ni les classes aisées ne souffrent de sous-alimentation, mais il n'en est pas de même des populations industrielles, qui dépendent, pour leur subsistance, de *the paralysed industries and commerce of the country*. Ces populations, assurément, ne meurent pas de faim, grâce à la Commission for Relief, mais M. Palmer Lucas caractérise en ces termes leur état sanitaire :

« *Tuberculose*. — L'insuffisance de l'alimentation, qui spécialement dans la classe ouvrière et le petit négoce est principalement responsable de la propagation rapide de la tuberculose, sera aisément comprise, si on considère que la consommation moyenne de graisse varie entre 20 et 30 grammes. Cette moyenne est évidemment beaucoup trop faible, tout particulièrement pour les adolescents. Le manque de viande, provenant et de la question du ravitaillement et des prix élevés, rend impossible, pour ces classes, d'obtenir de cette façon de la protéine animale.

« La privation croissante du ravitaillement en lait est un autre facteur important du problème alimentaire. Pendant l'hiver prochain, avec une diminution dans la fourniture indigène des légumes et des fruits, que ces classes peuvent, jusqu'à un certain point, se procurer actuellement, la ration sera considérablement inférieure à celle de maintenant et, à moins que l'on ne prenne contre la tuberculose des mesures spéciales, ce mal se propagera sans aucun doute plus rapidement qu'il ne l'a fait antérieurement. »

Quand on lit ces lignes, quand on prend connaissance surtout de l'enquête entière du Dr Palmer Lucas, on peut se figurer ce que doivent éprouver les prolétaires belges, lorsqu'ils apprennent — car tout finit par se savoir — que des camarades, des socialistes, sont venus parmi eux, ont passé à côté d'eux et n'ont rien vu de leurs souffrances, n'ont rien entendu de leurs plaintes, n'ont eu des yeux et des oreilles que pour les mettre au service de leurs oppresseurs.

Il est vrai que, pour finir, ils veulent nous assurer, « comme une chose certaine, que la Belgique sera rétablie dans son indépendance ».

Nous n'en avons jamais douté, mais cette indépendance reconquise, nous ne la devrons pas aux Ponce Pilate du neutralisme. Nous ne la devrons pas aux tardifs réveils de conscience des social-démocrates allemands. Nous la devrons à l'effort des Alliés. Nous la devrons aussi, et ce nous est une fierté de le dire, à l'inflexible ténacité des populations belges, qui sont prêtes à tout souffrir plutôt que de se plier à la loi du vainqueur.

On raconte que récemment un diplomate espagnol disait au gouverneur militaire de Bruxelles :

— Vous espérez soumettre les Belges : vous n'y parviendrez pas. Nous avons essayé au seizième siècle. Nous n'avons pu réussir, malgré nos droits légitimes. Où nous avons échoué, vous échouerez à votre tour.

Mais que dis-je : il faudrait, pour constater l'échec de cette expérience, que l'Allemagne puisse la tenter. Grâce à nos amis de France et d'Angleterre, elle n'en aura pas le temps, et bientôt, par leur effort et par le nôtre, nous verrons renaître cette « vie populaire, animée et joyeuse » qui n'existe pas, qui ne peut exister sous la tyrannie, qui renaîtra avec la liberté.

Mais en attendant la Belgique souffre. Que nos amis ne l'oublient pas !

LA BELGIQUE SERA-T-ELLE INDEMNISÉE ? (1)

Faut-il qu'à l'issue de la guerre européenne, les vainqueurs imposent aux vaincus le paiement d'une indemnité ?

Mon camarade et ami, Morris Hillquit, s'est prononcé, ici même, pour la négative.

Il invoque à l'appui de sa thèse le programme du socialisme international, les résolutions votées récemment à La Haye par les socialistes des pays neutres, l'opinion même des socialistes belges et spécialement du soussigné, Émile Vandervelde, membre à la fois du Gouvernement de défense nationale et du Bureau socialiste international.

Mis personnellement en cause, je compte sur l'hospitalité de la presse américaine pour être admis à lui répondre.

Tout d'abord, j'admets parfaitement avec Hillquit que, dans l'intérêt de la paix future, les socialistes doivent être hostiles à des indemnités *punitives* qui seraient le germe de nouveaux conflits. Mais ce n'est pas un motif pour repousser le principe

(1) Article paru dans le *New-York Times* du 29 août 1916.

d'indemnités *réparatrices* en faveur des pays qui ont été l'objet d'une injuste agression.

En second lieu, j'ai lu attentivement les résolutions de la Conférence des socialistes neutres à La Haye, et, à l'encontre de ce que semble dire Hillquit, je n'y trouve pas un mot, un seul mot qui, explicitement ou implicitement, se prononce contre la réparation du dommage causé.

Enfin, et ceci m'amène à mon fait personnel, je ne puis pas ne pas protester contre cette affirmation que beaucoup de socialistes belges et moi-même nous nous serions prononcés pour la *restauration* de la Belgique, mais pas pour son indemnisation.

Quand j'ai parlé, en effet, de « restaurer » la Belgique, j'entendais, et je devais entendre, la remettre dans la situation où elle serait si les Allemands, qui avaient garanti sa neutralité, avaient respecté cette neutralité.

Or, en serait-il ainsi, et la justice serait-elle satisfaite, si, à l'issue du conflit, les envahisseurs de son territoire étaient admis à se retirer, purement et simplement, avec les honneurs de la guerre, laissant derrière eux la dévastation et la ruine : des usines vidées de leurs machines et de leurs matières premières, vingt mille maisons détruites, la dette publique accrue de deux milliards, Dinant mis à sac, Visé et Termonde brûlés, l'Université de Louvain anéantie, les églises et les monuments de la Flandre réduits à l'état de décombres ?

Non, ce serait vraiment trop commode.

Supposez que demain, les États-Unis, malgré leur ferme volonté pacifique, soient attaqués sans provocation et qu'une flotte ennemie bombarde, incendie, ravage les plus beaux quartiers de New-York , de Boston ou de Baltimore, tuant quelques milliers de personnes *sans défense*, *des enfants*, des femmes, des vieillards : se trouverait-il, je le *demande*, *un seul citoyen américain*, fût-ce le plus pacifique des socialistes, pour soutenir que, le jour *où l'agresseur connaîtrait la défaite*, il ne serait pas d'élémentaire justice d'exiger de lui la réparation du dommage causé ?

Hillquit, cependant, est d'un autre avis quand il s'agit de nous, ou des Serbes, ou des habitants malheureux de la malheureuse Pologne.

Il craint qu'en réclamant des indemnités aux auteurs responsables de la guerre, on ne prépare des guerres nouvelles.

Je suis, quant à moi, d'un avis exactement opposé.

Rien ne serait plus dangereux pour la paix future que de voir constater à la face du monde que des gouvernements sans foi ni loi peuvent tout se permettre, qu'ils peuvent piller, incendier, spolier, ruiner des voisins pacifiques, sans *s'exposer à* devoir réparer le dommage, sans courir d'autre *risque, en cas de défaite, que de devoir abandonner* ce qu'ils n'auraient pas détruit.

Je suis socialiste comme Hillquit.

Je souhaite comme lui qu'à l'issue de cet

effroyable conflit, il n'y ait plus de nationalités opprimées en Europe, *ni d'un côté ni de l'autre.*

Je suis aussi hostile que lui à un système d'indemnités punitives qui aurait ce but chimérique d'épuiser les peuples vaincus au profit des peuples vainqueurs.

Mais je ne renonce pas, je n'ai jamais renoncé à demander justice pour la Belgique martyre.

Au point de vue financier, la question de l'indemnité n'a qu'un intérêt secondaire : avec ou sans cet argent, la Belgique renaîtrait de ses cendres. Mais au point de vue moral, par contre, cette question est essentielle. Il s'agit de savoir simplement si, en droit international comme en droit privé, celui qui, par son fait, cause dommage à autrui, est tenu de le réparer.

Si à pareille question le Socialisme répondait par la négative, le Socialisme se nierait lui-même.

LES DÉPORTATIONS BELGES (1)

Le Havre, le 23 novembre 1916.

Chers amis,

Je n'ai pas à vous apprendre ce qui se passe actuellement en Belgique.

Nous pouvions croire qu'après avoir subi l'invasion avec ses violences, l'occupation avec ses misères, notre peuple avait souffert tout ce qu'un peuple peut souffrir. Le pire l'attendait encore. Désespérant de garder le gage dont il s'est emparé, au mépris de sa foi et de sa parole, le Gouvernement allemand semble résolu désormais à traiter les Belges comme on traitait les vaincus, aux temps d'Assur et de Babylone.

Tous les jours, au Havre, nous recevons des messages qui nous font saigner le cœur ; les déportations s'étendent et s'aggravent ; dans les Flandres, à Charleroi, à Mons, déjà dans la plus grande partie du pays, on prend des hommes de tout âge, de toutes conditions, mais surtout des jeunes gens et des ouvriers ; on les rafle, on les parque, on les dénombre comme du bétail ; on les emmène captifs

---

(1) Lettre adressée aux membres du Comité exécutif et des sections de l'Internationale ouvrière.

dans d'autres provinces, dans le nord de la France, en Allemagne, sans même faire savoir à leurs proches où on les conduit; on les contraint, sous peine d'emprisonnement, à faire des fortifications, à construire des chemins de fer stratégiques, à fournir aux Allemands les matériaux nécessaires au béton de leurs tranchées, ou bien à remplacer dans d'autres travaux la main-d'œuvre que l'on dirige vers le front ou vers les usines de guerre.

A la date du 17 novembre, le ministre de Belgique à La Haye télégraphiait que plus de 30.000 Belges étaient déjà déportés. Une affiche apposée à Bruxelles annonçait que la déportation des hommes habitant la capitale commencerait le 18 novembre. Les Allemands ont déclaré qu'ils enlèveraient en Belgique 350.000 hommes.

De tels actes sont contraires au droit des gens. Ils constituent le plus odieux, le plus injustifiable des attentats contre la liberté et la dignité humaines.

L'article 23 du Règlement de La Haye (1907) interdit expressément à un belligérant de forcer les nationaux de la partie adverse à participer aux opérations de guerre contre leur pays.

Au mois d'octobre 1914, le gouverneur militaire d'Anvers, baron von Huene, autorisait le cardinal archevêque de Malines à déclarer aux populations qui craignaient de rentrer en Belgique : « Les jeunes gens n'ont pas à craindre d'être envoyés en Allemagne, soit pour y être enrôlés dans l'armée,

soit pour y être employés à des travaux de force. »
De même, le maréchal von der Goltz, et après lui le gouverneur général von Bissing, avaient pris des engagements identiques, et cependant aujourd'hui, malgré les protestations indignées qui s'élèvent de toutes parts, l'autorité militaire allemande organise la réquisition, la conscription civile des Belges, contre leur patrie et au bénéfice de l'ennemi.

Devant ce crime, il n'est pas une puissance neutre qui ait cru pouvoir garder le silence. Le Pape a protesté. La Hollande, l'Espagne, les États-Unis ont protesté. Si l'Internationale ne protestait pas à son tour, nos ennemis auraient raison de dire qu'elle est morte !

De telles violations des lois de la guerre, en effet, sont pires, s'il est possible, que la guerre elle-même.

On peut, si évidents que nous paraissent les faits, discuter et différer sur les causes ou sur les buts du conflit qui ensanglante le monde.

Mais à moins de renoncer à ce qui est l'âme de notre doctrine, à moins de renier pour jamais tout ce qui fait la grandeur et la force de notre révolte permanente contre l'injustice, il n'est pas possible que, même de l'autre côté des tranchées, les socialistes ne soient pas avec nous pour dénoncer, pour flétrir cette chose abominable : l'obligation imposée à tout un peuple, à tout un prolétariat de travailler contre lui-même, pour ses maîtres et ses bourreaux !

Je sais que pour donner à leurs agissements une ombre de justification ou un semblant d'excuse, les auteurs des décrets sur le travail forcé soutiennent qu'ils agissent dans l'intérêt de leurs victimes, pour les soustraire à la paresse ou au chômage, pour soulager d'autant l'assistance publique et privée.

Mensonge et hypocrisie !

Tous les déportés ne sont pas des chômeurs et, d'autre part, s'il y a actuellement 600.500 chômeurs en Belgique, si la moitié de la population doit recourir à l'assistance d'autrui, c'est parce que les Allemands, après avoir envahi notre pays, l'ont ravagé, dévasté, pressuré, c'est parce qu'ils l'ont accablé de réquisitions, de confiscations et d'amendes ; parce qu'ils ont emporté et emportent chez eux les machines et les matières premières, parce qu'ils interdisent aux municipalités d'employer leurs habitants à des travaux publics ; c'est parce que l'immense majorité des ouvriers — et ce sera leur éternel honneur — préfèrent tout endurer, la misère, la disette, la prison, plutôt que de tisser le linceul de la patrie.

C'est en leur nom que je vous écris ; au nom de ces compagnons que vous connaissez, que vous avez appris à aimer, quand ils vous assemblaient fraternellement dans leurs Maisons du Peuple ; au nom de cette classe ouvrière que vous avez si souvent aidée dans de moindres épreuves.

Il s'agit aujourd'hui de sauver le prolétariat belge de la plus effroyable entreprise d'asservissement qui ait jamais été tentée contre lui, et pour cela je fais appel, j'ai le droit de faire appel à tous les membres de l'Internationale, aux neutres, aux belligérants, à ceux qui combattent avec nous et même à ceux qui combattent contre nous.

Après tout, malgré tout, ce sont des socialistes.

Puissent-ils ne pas s'exposer à ce qu'on leur dise, quelque jour : « Un frère, saignant, couvert de plaies, implorait ton secours. Tu ne l'as pas sauvé. Donc tu l'as tué ! »

LE

CONGRÈS SOCIALISTE NATIONAL (1)

Au Congrès socialiste, comme à la Chambre, on vient de longuement discuter. Mais on a fini par se mettre d'accord? Majoritaires et minoritaires se sont entendus pour voter, contre le petit groupe de Kienthal, une résolution commune.

S'agit-il, comme c'est trop souvent le cas, d'une résolution qui ne résout rien, qui se borne à masquer des divergences irréductibles, qui, sous prétexte de conciliation, ne fait qu'entretenir l'équivoque?

En toute sincérité, je ne le crois pas.

Il y a, certes, entre majoritaires et minoritaires des différences de vues que je ne veux pas sous-évaluer, mais le texte même de leur résolution commune met ce fait en évidence que l'accord existe entre eux sur ces trois points essentiels :

1° *Le droit de légitime défense des nations;*

2° *Le droit des peuples à disposer d'eux-mêmes;*

3° *La nécessité de rétablir, à un moment donné, des relations internationales.*

Et d'abord, le droit de légitime défense des

(1) Article paru dans le *Petit Parisien* du 2 janvier 1917.

nationalités — telles la France et la Belgique — qui ont été l'objet d'une injuste agression.

Nous l'avons affirmé jadis, à Stuttgart, contre Hervé, qui depuis... Les socialistes qui sont dans les tranchées ont prouvé par des actes que cette affirmation n'était pas un vain mot. Le groupe parlementaire socialiste vient de voter unanimement, ou à peu près, les crédits de guerre. Seuls, ont voté contre, quatre députés qui représentent des régions où l'on sent la guerre, par les sacrifices qu'elle exige, mais où, depuis plus d'un siècle, on n'a pas connu l'invasion, on n'a pas tiré un coup de fusil, sauf le dimanche, les jours de chasse à la casquette.

D'accord pour assurer la défense de leur pays, les socialistes sont d'accord aussi pour affirmer, je ne dirai pas le droit des nationalités, mais le droit des peuples. Rien n'est plus vague, plus discutable, plus incertain que la notion de nationalité : c'est au nom du principe des nationalités que, depuis six ans, les peuples des Balkans s'entremassacrent. Rien n'est plus évident, au contraire, et plus légitime que le droit des peuples, à disposer d'eux-mêmes. C'est au nom de ce droit qu'à Londres, en 1915, les socialistes des pays alliés réclamaient pour l'Alsace-Lorraine le droit de se réunir à la France. Mais c'est au nom de ce droit aussi que les socialistes repoussent avec énergie toute politique de conquête, toute annexion de territoires qu'on ferait par la force, contre le vœu de leurs habitants.

Sur ce point, Sembat ou Renaudel pensent de même que Longuet ou Pressemane; et si l'on voulait dès à présent entrer dans le détail, définir, du point de vue socialiste, les buts de guerre, l'accord se ferait, sans doute, assez aisément sur le programme qu'hier encore Turati, le leader des socialistes « officiels », esquissait à la Chambre italienne : libération de la Belgique et de la Serbie; reconstitution de la Pologne; rédemption des irrédentismes; neutralisation des Détroits.

Mais il reste une troisième question : la reprise des relations internationales.

Ici encore, sur le principe, tous les socialistes s'accordent, à la seule exception d'Hervé, qui rêve d'un socialisme français fondé sur la collaboration des classes et l'alliance du capital et du travail, c'est-à-dire d'un socialisme qui n'est pas du socialisme.

Quant aux autres, quant à nous tous, nous croyons plus que jamais à la nécessité, pour le prolétariat, de l'action internationale.

L'Internationale d'hier a été trop faible pour empêcher la catastrophe de la guerre, et ceux-là le lui reprochent, avec le plus d'amertume, qui n'ont jamais rien fait pour éviter cette catastrophe. Ils ont dit que c'était une faillite. Nous disons, nous, que ce fut une défaite, et nous avons la conviction qu'au lendemain de la guerre, l'internationalisme aura sa revanche : il sera d'autant plus fort que le nationalisme aura causé plus de maux.

Mais en attendant, dira-t-on, vous êtes divisés : les uns réclament la convocation immédiate du Bureau socialiste international; les autres la tiennent pour moralement et matériellement impossible.

C'est exact. Seulement, on fera bien de se rendre compte que cette question de fait, cette question de moment, n'a qu'une importance très relative.

Supposons, en effet, que l'on parvienne à lever les obstacles de toute nature qui s'opposent à la réunion du B. S. I., que Scheidemann et Longuet, Adler et Pressemane, les socialistes allemands, les anglais, les français, finissent par se trouver réunis autour d'une même table, pendant que leurs camarades continuent à se tirer des coups de fusil ou se jeter des grenades dans les tranchées.

A quoi pourrait servir, en ce moment, cette réunion, sinon à constater que, dans leur majorité, les socialistes des pays belligérants sont également résolus à voter, d'une part, les crédits de guerre demandés par la République pour défendre son territoire, d'autre part, les crédits réclamés par le Kaiser pour échapper au châtiment de son agression.

Mais on parlerait d'autre chose, dira-t-on; on parlerait de la paix; on échangerait des vues sur ses conditions; on préparerait les voies à un accommodement.

En effet, et c'est ici, précisément, qu'en dehors

de toutes divergences de principe, on est d'accord sur les principes, les socialistes se divisent réellement, effectivement, en majoritaires et minoritaires.

Du côté des majoritaires, on affirme qu'à l'heure actuelle, la paix n'est ni possible ni désirable, car elle consacrerait l'abaissement de la démocratie et l'hégémonie de l'Allemagne militaire sur l'Europe et sur le monde.

Du côté des minoritaires, par contre, on croit que la paix est à la fois possible et désirable : désirable, parce que la continuation de la guerre ne saurait donner de résultats décisifs et ne pourrait qu'aboutir à l'épuisement général; possible, parce que l'Allemagne, sincèrement désireuse d'avoir la paix, serait prête à faire des conditions acceptables.

Nul ne contestera, assurément, que cette divergence de vues ne soit très grave. Mais comme elle ne porte que sur une question de fait, elle n'est pas irréductible.

Les socialistes minoritaires semblent croire que la guerre finira en partie nulle, que la victoire n'est pas possible : le moyen vraiment décisif de les réfuter, c'est de préparer, d'organiser, de remporter la victoire.

Ils se figurent, d'autre part, que si l'Allemagne faisait connaître ses conditions de paix, elles seraient acceptables.

Nous avons la conviction, au contraire, que c'est là une grande, une dangereuse illusion, et qu'il suffirait que l'Allemagne impériale se décide à parler, pour que la nécessité de poursuivre la guerre s'impose à tous ceux qui ont le sens de la liberté et des intérêts de la démocratie.

Mais c'est là une raison de plus pour demander, d'accord avec les minoritaires, que la lumière se fasse, que la diplomatie occulte cède le pas à des déclarations publiques, que l'Allemagne soit contrainte par la force de l'opinion à dire ce qu'elle veut, que les Gouvernements alliés fassent connaître, d'autre part, leurs « vues sur les conditions du rétablissement de la paix ».

Sur cette question de fait, comme sur les affinités de principe, le Congrès socialiste français s'est trouvé d'accord.

Nous nous en réjouissons.

A PROPOS D'OTTO BAUER (1)

Nombre de journaux belges, qui paraissent en France et en Hollande, font campagne contre Camille Huysmans. S'ils se bornaient à discuter ou à critiquer ses opinions ou ses actes politiques, ils useraient d'un droit dont, à l'occasion, nous avons usé ou userions nous-mêmes. Mais ils suspectent ses intentions, ils mettent en doute son attachement à la cause belge, ils lui imputent à crime des actes qui sont l'accomplissement d'un élémentaire devoir.

En veut-on un exemple ?

Le 11 juin dernier paraissait dans le *Vorwärts* l'article suivant :

« ... Il est beaucoup plus réjouissant pour nous d'apprendre qu'au milieu de la guerre des peuples, un contact suffisant continua à subsister entre les partis socialistes pour qu'on pût obtenir, grâce à l'intermédiaire du Bureau, mainte chose pour l'amélioration de la situation des porte-parole et chefs du parti socialiste, prisonniers de guerre ou tombés d'une manière quelconque dans les mains de l'ennemi.

« Otto Bauer, le secrétaire de fraction de notre

(1) Article paru dans l'*Humanité* du 29 juillet 1917.

club du Reichsrat de Vienne, le rédacteur du *Kampf*, ce maître encore jeune du développement logique du socialisme scientifique vers la politique pratique, est prisonnier depuis des années en Sibérie, comme lieutenant, après avoir reçu la médaille pour la bravoure. Cet homme d'une activité infatigable publia au delà du lac Baïkal un journal pour les prisonniers de guerre. Un blockhaus dans le désert de glace transbaïkalien aura sans doute été la chambre de travail de cet homme qui, dans les dernières séances du Bureau international avant la guerre, avait rapidement attiré sur lui l'attention des membres. Actuellement, grâce à l'intervention du Bureau international auprès du Gouvernement révolutionnaire de Petrograd, il a été nommé bibliothécaire d'une bibliothèque scientifique et Huysmans annonça même l'arrivée d'Otto Bauer à Stockholm, en ces termes : « Nous aurons une belle fête ! »

« Une chose semblable fut aussi possible de notre côté du front, ainsi par exemple en faveur des socialistes serbes. »

Il n'en faut pas plus pour qu'une partie de la presse belge se déchaîne contre Huysmans et lui reproche d'avoir aidé à la libération d'un ennemi et de « se réjouir de la perspective de pouvoir bientôt serrer dans ses bras un des tortionnaires les plus « kultivés » de son pays ».

Ceux qui connaissent Otto Bauer ne peuvent que hausser les épaules, en le voyant représenter comme un tortionnaire de la Belgique; et quant à la démarche faite par Huysmans pour obtenir non la libération, mais un adoucissement de captivité, en faveur d'un homme dont la santé était précaire et que l'ancien régime avait envoyé au fond de la Sibérie, si on la reproche au secrétaire du B. S. I., je demande que l'on associe à ce reproche son président.

Lors de notre arrivée à Petrograd, une de mes premières visites fut pour le ministre de Suède, chargé du soin des prisonniers allemands, d'abord, afin de lui remettre, de la part d'une amie qui fut elle-même prisonnière en Allemagne, et pour qui être catholique signifie être chrétienne, un secours en argent pour un prisonnier de guerre allemand; ensuite, pour demander qu'Otto Bauer, dont la santé était profondément ébranlée, soit placé dans une situation telle que, tout en restant prisonnier, il puisse recevoir les soins que réclamait son état.

Le Gouvernement russe a bien voulu déférer à cette demande. Je m'en réjouis et, si d'autres s'en irritent, je ne puis que le regretter pour eux.

III

LA
SUPÉRIORITÉ DES DÉMOCRATIES

LA
SUPÉRIORITÉ DES DÉMOCRATIES [1]

Au cours de cette guerre, qui nous a fait passer déjà par tant d'alternatives d'anxiété et d'espérance, il m'est arrivé de relire le discours célèbre d'Abraham Lincoln, au lendemain de Gettysburg, qui fut la bataille de la Marne de la guerre de Sécession.

J'y ai trouvé ce passage, que je voudrais livrer, Messieurs, à votre méditation :

« C'est une question de savoir si les gouvernements qui sont assez libres pour ne pas dominer les peuples, sont assez forts pour les défendre, quand ils sont attaqués? »

A cette question, la victoire pénible, lente à venir, mais finalement décisive du Nord sur le Sud, malgré la supériorité militaire initiale des défenseurs de l'esclavage, avait donné déjà un commencement de réponse.

Mais elle s'est posée à nouveau, plus angoissante, plus grosse de conséquences, d'une indicible gravité, lorsque, le 2 août 1914, les monarchies militaires de l'Europe Centrale, en refusant l'arbitrage à la Serbie, en attaquant la France et en violant la

(1) Conférence faite à Paris le 26 novembre 1916.

neutralité belge, déchaînèrent sur le monde la catastrophe de leur agression.

Que l'on considère en effet l'état des forces en présence, au début du conflit.

D'une part, appuyant l'Autriche, l'Allemagne, avec le prestige de ses victoires, le débordement de sa population, la puissance de son organisation industrielle, et surtout l'avantage, paraissant devoir être écrasant, d'une préparation savante, minutieuse, n'ayant rien laissé au hasard, n'ayant rien négligé pour porter au plus haut degré les chances d'une victoire rapide et complète.

De l'autre, à côté de la Russie, énorme mais lente à se mouvoir, la France et bientôt après, prenant fait et cause pour la Belgique, l'Angleterre, les deux grandes nations libérales et démocratiques, dont les habitants voulaient la paix, dont le prolétariat, résolument, ardemment pacifique, avait toujours résisté aux exigences des partis militaristes, et, sans méconnaître le devoir de défense nationale, avait, pour maintenir la paix, fait plus d'efforts peut-être que pour organiser la guerre.

La guerre était là maintenant.

Qu'allait-il advenir?

Quelle serait l'issue de cette lutte, dont les libertés de l'Europe et du monde étaient l'enjeu? Les démocraties modernes sauraient-elles se défendre? Leur principe résisterait-il à cette épreuve suprême? Ou bien, au contraire, seraient-elles vaincues, comme le furent les démocraties antiques, par les phalanges macédoniennes, et de leur défaite verrait-on sortir cette leçon que, pour vivre, les peuples devraient sacrifier leur raison de vivre, et pour maintenir leur indépendance, renoncer au droit de se gouverner eux-mêmes et s'abandonner au militarisme et au pouvoir personnel?

Que de fois, sans doute, ces questions sont venues vous assiéger comme elles m'assiégeaient moi-même, pendant ces journées terribles du début de la guerre : Liége tombait; les forteresses de Belgique et du nord de la France s'écroulaient sous les chocs des 420 ; les armées de von Kluck marchaient à pas de géants sur Paris; il semblait qu'à la force allemande rien ne pût résister, même la valeur professionnelle de ces volontaires anglais, que le maréchal Bugeaud appelait les meilleurs soldats du monde, même le magnifique courage, les splendides vertus militaires des « poilus » de la troisième République.

Mais voici que tout à coup ceux qui, déjà, se proclamaient vainqueurs, voient s'effondrer leurs espérances : la retraite des Alliés s'interrompt; leurs armées se retournent et font tête; la plus décisive des batailles de l'Histoire s'engage : il s'agit de défendre la liberté, de sauver la démocratie; de consacrer par la victoire le droit des peuples à se gouverner par eux-mêmes, pour eux-mêmes. Le choc se produit; deux millions d'hommes se heurtent dans un effort désespéré, et après trois jours la fortune se prononce : les soldats du Kaiser sont refoulés ; le Maître de la guerre est en échec ; il est désormais incapable de vaincre ; il ne peut plus que retarder l'heure où il sera définitivement vaincu.

Telle fut, dans ses résultats, la bataille de la Marne, que certains ont appelée le miracle de la Marne.

Ceux-là seuls ont pu lui donner ce nom, qui avaient mis en doute ou qui avaient méconnu la supériorité morale, la force souveraine que donnent à des hommes libres, fussent-ils moins bien armés, moins bien outillés que d'autres, la volonté de se battre jusqu'à la mort pour un pays, pour des institutions, pour des idées qui valent la peine d'être défendus. Or, ainsi que le disait récemment le maréchal von Hindenburg, « les obus ne sont pas tout ; c'est l'âme des soldats qui décide de la bataille ».

Mais il ne suffisait pas que, par la vertu de ces impondérables, les démocraties occidentales fussent capables d'arrêter l'ennemi. Il leur restait à poursuivre cette première victoire et à la poursuivre jusqu'au jour où, par leur triomphe final, elles seront en mesure de déclarer la paix au monde, en rendant à jamais impossibles de nouvelles agressions.

C'est ce qu'elles ont fait depuis deux ans, apportant la preuve que si, par un optimisme pacifique qui les honore, elles s'étaient insuffisamment préparées, elles étaient capables, pour remédier à cette insuffisance, d'accomplir des prodiges d'activité et de génie inventif.

Dans les milieux où l'on n'a d'admiration vraie

que pour le pouvoir personnel, la discipline automatique, l'asservissement des masses à la volonté d'un seul, dominé lui-même par quelques-uns, on ne cesse de vanter la perfection et l'efficacité de l'organisation allemande.

Je me garderai bien de sous-évaluer celle-ci. Je songe d'autant moins à le faire que, dans ma conviction, ce qu'elle a d'admirable, même au point de vue militaire, tient à ce que l'Allemagne n'est pas seulement une immense caserne, mais une gigantesque entreprise industrielle. Ce n'est pas seulement le pays des Junker; c'est le pays des cartels et de la social-démocratie.

Mais j'ose dire qu'il y a quelque chose de plus surprenant, de plus merveilleux, de plus miraculeux que l'organisation militaire créée de si longue main par l'Allemagne : c'est l'organisation militaire de la France, qui s'est si étonnamment développée sous le coup de fouet de la guerre; c'est l'organisation militaire de la Grande-Bretagne et de ses colonies, qui est partie de rien ou presque rien et qui a su, en quelques mois, tout en suffisant aux besoins de la première marine du monde, lever et armer 4 millions d'hommes, les doter des plus puissants moyens d'action de la guerre moderne, et trouver encore un formidable surcroît de munitions et d'artillerie pour des Alliés dont la puissance industrielle reste insuffisante.

C'est ici qu'éclate la supériorité d'abord virtuelle, potentielle, mais aujourd'hui réalisée, des grandes démocraties modernes, non seulement quand il s'agit de jouir librement des avantages de la paix, mais même quand il s'agit de se défendre contre les hommes de la guerre.

Ce qui les caractérise, en effet, à des degrés divers, c'est que, suivant le mot d'Herbert Spencer, elles opposent au type militaire le type industriel des sociétés.

Chez elles le développement politique est fonction de leur développement technique.

Elles n'ont pas seulement les constitutions les plus libres. Elles ont aussi les capitaux les plus abondants, les usines les plus vastes, les moyens de production les plus développés.

Or, dans les guerres d'à présent, si le courage individuel et la volonté de vaincre restent des facteurs essentiels, ceux-là l'emportent, à égalité de moral, qui peuvent mettre au service de leur cause la plus grande puissance technique, financière et productive.

Certes, des nations démocratiques, n'étant pas outillées pour l'industrie de la guerre, peuvent, si on les attaque brusquement, se trouver à ce point de vue dans un état d'infériorité relative et transitoire.

Mais avec quelle rapidité, avec quelle facilité d'adaptation aux nouvelles circonstances, elles se rattrapent, quand elles doivent recourir à la force!

Peut-être se souvient-on de ce passage d'Anatole France, dans *L'Anneau d'améthyste,* où le vénérable général Cartier de Chalmot discute les chances de victoire respectives des Espagnols et des Américains : les premiers sont des soldats, dans toute la force du terme; les autres sont des industriels, des financiers, des marchands d'huile et de porc salé; ils n'ont aucune préparation, aucune tradition militaire, ils doivent, en bonne logique, être vaincus; ils ne peuvent manquer de l'être, et dès le premier choc cependant, la victoire appartient à ces industriels, ces financiers, ces marchands, sans tradition, sans patrie, sans armée.

Certes, dans la guerre actuelle, il n'en a pas été, il ne pouvait en être ainsi.

La question ne se posait pas, ne se pose pas en des termes aussi simples.

Il faut tenir compte de ce que l'Allemagne est, elle aussi, industrielle, bien que son industrie soit plus récente et par conséquent son évolution politique moins avancée. Il faut tenir compte aussi de ce que les nations de l'Entente ne forment pas un bloc sans alliage, que la démocratie y voisine avec l'autocratie, que rien n'est plus difficile, dans une coalition de ce genre, que de concilier, d'harmoniser, de tendre vers un but unique des sentiments, des volontés, des intérêts divergents.

A la veille de Chéronée, Démosthène disait à ses compatriotes : « Athéniens, vous êtes riches en vaisseaux, en hoplites, en cavaliers, en argent, plus riches qu'aucun peuple, mais jamais votre force n'est employée à temps. Vous arrivez toujours trop tard. »

Les Alliés, eux aussi, sont plus riches que leurs adversaires en hommes, en vaisseaux, en argent. Mais on a pu se demander, à certaines heures, si, eux aussi, étaient capables d'employer leur force à temps, s'il n'était pas à craindre qu'eux aussi arrivent toujours trop tard.

Ce sera le mérite insigne de ces deux grandes nations, la France et l'Angleterre, d'avoir su mettre un terme à ces craintes, par l'unification des efforts, l'accumulation des produits de guerre formés par l'industrie du monde entier, le concours technique et financier que, tout en pourvoyant à leurs propres besoins, elles apportent de plus en plus à leurs alliés, grands et petits.

On raconte qu'au début de cette guerre, Lord Kitchener annonça qu'elle durerait trois ans.

Il a fallu un an aux Alliés, en France et en Russie, sur la Marne, sur l'Yser ou sur la Dwina, pour arrêter l'invasion. Il leur a fallu une autre année, pour préparer le refoulement de l'ennemi. Voici la troisième année qui commence. Puisse-t-elle être la dernière, l'année de la Victoire, qui maintiendra la liberté des uns et qui fondera la liberté des autres, en abaissant pour toujours les puissances de meurtre et d'oppression !

IV

POUR
NOTRE EXISTENCE NATIONALE

LA QUESTION DES LANGUES EN BELGIQUE (1)

Je n'ai vraiment d'autre titre à l'honneur d'être reçu par vous que le fait d'être né entre l'Yser et la Meuse.

Avant la guerre, assurément, il m'est arrivé d'écrire quelques livres, mais ils avaient ce caractère commun d'appartenir au genre que M. Thiers dénommait : la littérature ennuyeuse. Depuis, je passe tout mon temps à acheter pour nos soldats du sucre, du drap ou des chaussettes, ne lisant presque jamais, écrivant moins encore.

Si donc vous avez associé mon nom à celui de mes collègues Hymans, l'historien de *Frère Orban*, Carton de Wiart, l'auteur de *La Cité ardente*, c'est, ce ne peut être que pour rendre hommage à la Belgique, toute la Belgique, la Belgique du roi Albert, du cardinal Mercier, du bourgmestre Max, du bâtonnier Théodor, mais aussi la Belgique de cet admirable prolétariat qui, depuis de longs mois, donne sa vie ou met sa misère au service de la lutte pour l'existence de notre nationalité.

---

(1) Discours prononcé à la Société des Gens de lettres, le 27 novembre 1916.

Avant l'agression allemande, nul peuple, j'ose le dire, n'était aussi divisé que le nôtre par le dualisme des langues, par la croyance et les opinions, par l'opposition des intérêts de classe. Mais nul peuple aussi ne s'est plus complètement, plus unanimement, plus immédiatement uni pour la défense de son droit et pour l'accomplissement de son devoir.

Dans le conflit européen, on l'a dit avec raison, la Belgique est l'agneau sans tache.

Nous ne demandions qu'à vivre en paix avec tous. Nous n'avions ni revanches à prendre ni ambitions à satisfaire. Nous avions, vis-à-vis de tous les États voisins, une créance de sécurité, solennellement garantie. La neutralité pour nous était plus qu'un droit, elle était un devoir. Elle ne nous assurait pas seulement un avantage ; elle était pour les autres une garantie, et cette garantie, nous la devions à tous ; cette neutralité, nous l'eussions défendue contre tous. Ceux qui disent le contraire ne font qu'ajouter une calomnie et un outrage à tous les maux dont ils ont accablé notre pays.

Est-ce à dire, cependant, que, dès avant le 4 août, notre neutralité était passive, que nos sentiments à l'égard des peuples voisins ne faisaient aucune différence entre les uns et les autres, entre ceux qui, dans l'ordre politique du moins, restaient asservis au passé et ceux qui étaient, comme nous, des peuples de liberté et de démocratie ?

Je ne le prétends pas.

J'ai au contraire la conviction que sur les hauteurs de Liége, quand nos soldats de la région mosane recevaient le premier choc de la barbarie organisée, leur courage s'exaltait à la pensée qu'en défendant la terre natale, ils luttaient pour les libertés de l'Europe, ils servaient de rempart vivant à la France, cette seconde patrie des hommes libres.

Et c'est pourquoi

> Dût la guerre mortelle et sacrilège
> Broyer notre pays de combats en combats,
> Jamais sous le soleil une âme n'oubliera
> Ceux qui sont morts pour le monde, là-bas,
> A Liége.

Mais, à côté de ces Liégeois, de ces Wallons, de ces Belges de langue française, il y avait, dans notre armée, il y en a d'autres qui ne sont pas aussi près de la France, qui ne comprennent pas son langage, qui peut-être, avant la guerre, sympathisaient plutôt avec l'Allemagne, et cependant ceux-là, comme les autres, se sont battus et bien battus pour leur pays, pour notre cause, pour le droit qu'ont tous les hommes de vivre ardents, libres et fermes, sur le sol où ils sont nés.

Vainement à maintes reprises, nos maîtres provisoires ont fait effort pour les détacher, se posant en défenseurs de leurs droits, en arbitres de leur destin.

N'a-t-on point vu, récemment encore, le général von Bissing décréter la suppression de l'Université française de Gand et prétendre créer une Université flamande !

Inutile parade !

Comment les Flamands pouvaient-ils oublier que la main qu'on leur tend est trempée du sang de leurs fils, que ceux qui fondent l'Université de Gand sont les mêmes qui ont brûlé l'Université de Louvain, que leurs prétendus défenseurs ont brûlé Termonde, bombardé Malines, fusillé dans Aerschot des enfants, des femmes, des vieillards inoffensifs !

Et si, par impossible, ils eussent pu oublier, ce nouveau crime les eût rappelés à eux-mêmes, qui arrache à la terre des Flandres des milliers de jeunes gens pour les déporter en Allemagne et en faire de misérables esclaves, taillables et corvéables à merci !

Mais, dira-t-on peut-être, si les Flamands comme les Wallons sont irréconciliables, si pour eux, désormais, l'Allemand est l'ennemi héréditaire, s'ensuit-il qu'entre eux et la France il y ait d'autres liens qu'une haine commune? Ne les voyons-nous pas, durant cette guerre même, réclamer et poursuivre jalousement l'exclusion des Français de la vie publique, de l'enseignement supérieur du pays flamand ?

A ces questions, Messieurs, je voudrais tenter de répondre, avec le souci de dissiper des malentendus et des craintes sans fondement.

Certes, je ne méconnais point qu'il y ait chez

certains Flamands des tendances particularistes qui ont trouvé leur expression dans cette formule pittoresque : « Nous ne voulons être ni des sans-culottes français, ni des hérétiques hollandais, ni des esclaves prussiens. »

Mais dans la masse du peuple flamand, ce qu'on est convenu d'appeler le mouvement flamingant a une portée bien différente.

Sans être le moins du monde hostiles à la France, que la plupart d'entre eux aiment et admirent, les Flamands demandent et ne demandent pas autre chose que ce que demandent ailleurs les Polonais, les Ruthènes et les Tchèques : le droit d'être jugés, administrés, instruits dans leur langue, dans la seule langue que comprend la majorité d'entre eux.

Trop souvent, jadis, dans nos Flandres, un homme était jugé et condamné par des juges qui ne communiquaient avec lui que par interprète.

Trop souvent, aujourd'hui encore, dans les tranchées de l'Yser, nos soldats flamands ont des officiers qui ne peuvent, faute de bien parler leur langue, gagner pleinement leur confiance et leur affection.

Nos compatriotes du pays flamand demandent que cela change.

Je ne suis pas suspect de n'avoir point de sympathie pour la France, lorsque j'affirme qu'ils ont raison.

Moi, qui ne parle guère que le français, dont l'éducation, comme celle de tous les jeunes bourgeois de ma génération, a été toute française, j'ai, depuis vingt ans que je siège à la Chambre, voté toutes les mesures dites flamingantes, toutes les lois destinées à établir l'égalité de droit et de fait entre nos deux langues nationales. Et, en terminant, je me permets de vous exprimer la conviction que le jour où cette égalité sera complète, les Flamands ne seront pas plus loin de la France, ils seront plus près.

Aussi longtemps que dans nos Flandres les bourgeois ne parlaient guère que le français, tandis que le flamand était la langue des paysans et des ouvriers, les classes populaires vivaient dans un isolement intellectuel lamentable.

Le jour, désormais prochain, où tous ceux qui voudront participer à la direction de notre pays parleront et devront parler à la fois la langue de Maeterlinck ou de Verhaeren et la langue de Cyrille Buysse ou Guido Gezelle, cet isolement prendra fin. La Belgique, plus que jamais, sera le trait d'union entre des cultures différentes. Elle sera, par sa situation même, un des éléments nécessaires de cette société des nations, variée, mais harmonisée qui, dans le sang et dans les larmes, est en train de naître sous nos yeux.

Mais il faut pour cela que la Belgique soit libre. Travaillons à la libérer !

L'EFFORT INDUSTRIEL BELGE (1)

Beaucoup de gens ne se doutent pas que le principal centre de l'activité industrielle belge, depuis l'invasion allemande, c'est Le Havre.

En Belgique même, la plupart des grandes entreprises sont réduites au chômage ou ne travaillent qu'à demi-temps. Dans les établissements militaires belges du Havre, au contraire, plus de 8.000 soldats ouvriers travaillent le jour et la nuit, la semaine et une partie du dimanche, pour fournir à l'armée belge les explosifs, les munitions, le matériel d'artillerie, les moyens de transports automobiles et hippomobiles dont elle a besoin.

De cette vaste cité industrielle, avec ses usines, ses casernements, ses lieux de récréation, qui servent aussi de chapelles, rien n'existait il y a deux ans encore.

Après la chute d'Anvers et la bataille de l'Yser, l'armée belge, privée de ses bases, n'avait pu se refaire que grâce au concours de l'Angleterre et de la France. A la fin de 1915, cependant, elle fabriquait elle-même ses poudres à la Pyrotechnie de Bundy, près du Havre, mais une foudroyante

(1) Préface écrite pour le livre du commandant Willy Breton (major Marsily).

explosion l'anéantit, corps et biens, faisant littéralement table rase, ne laissant ni un homme vivant ni un pan de mur debout.

C'est d'alors seulement que date le grand effort dont l'auteur de ce livre vous décrit les résultats.

Tout était à faire ou à refaire. Il fallait recruter la main-d'œuvre; il fallait se procurer les machines; il fallait faire sortir de terre des logements, des chantiers, des halls de travail, alors que, peut-être, la guerre serait finie avant que rien soit terminé.

Ce fut le mérite insigne du commandant Blaise et de ses collaborateurs d'avoir vu grand, dès l'abord, et d'avoir mis au service de cette entreprise difficile, que d'aucuns jugeaient hasardeuse, l'enthousiasme et l'ardeur au travail qui seuls devaient permettre de la mener à bien.

On manquait d'ouvriers. On ne disposait guère de manœuvres : des inaptes, des réfugiés, pour la plupart sans qualification spéciale. Mais l'armée de campagne était là, avec ses anciennes classes, composées surtout de prolétaires : c'est dans leurs rangs, parmi les métallurgistes du Hainaut, de Liége ou d'Anvers, que l'on alla chercher des spécialistes qui aidèrent à en former d'autres.

On avait besoin de machines, et la France ou l'Angleterre, absorbées par leur propre effort industriel, n'en pouvaient guère donner. Mais il y avait l'Amérique, et bientôt, dans les baraquements de Sainte-Adresse, de Bundy ou de Gainneville, sortis de terre comme des champignons, il y eut tout l'outillage nécessaire pour réfectionner des autos, fabriquer des canons, doter l'armée belge de toutes les munitions dont elle a besoin.

Mais ces problèmes techniques résolus, — au prix de quels efforts ! — il en restait un autre non moins ardu : fournir aux hommes que l'on avait rassemblés des logements et une nourriture convenables.

Au début, par obligation de courir au plus pressé, on les avait campés à la diable, dans des baraquements élevés à la hâte, sans qu'on ait eu le temps d'installer des cuisines, de créer des salles d'affusion, de mettre à la disposition des hommes des bibliothèques ou des locaux de récréation.

Mais bientôt, avec cet art de se débrouiller, de s'adapter aux circonstances, qui est bien dans le génie belge, les choses changèrent d'aspect.

Certes, les casernements en bois de Bundy ou de Sainte-Adresse ne ressemblent que d'assez loin à la caserne monumentale des grenadiers à Bruxelles, et quand on circule par un soir d'hiver dans ces cantonnements mal éclairés, avec de la boue jusqu'aux chevilles, on ne peut se défendre de penser que la vie de nos ouvriers du Havre, loin de leur pays, loin de tout ce qu'ils aiment, les excuserait d'être travaillés par le cafard.

Mais du moins, s'ils ne vont pas en ville aux heures de repos, trouveront-ils sur place des salles de lecture que des femmes de cœur ont ornées avec sollicitude, des mess qui ressemblent un peu aux cafés de nos Maisons du Peuple, bref quelque chose qui leur rappelle la vie ouvrière du temps de paix.

Ne leur demandez pas, au surplus, d'être pleinement satisfaits. Ils ne le seront et auront raison de ne l'être que le jour où ils se retrouveront dans leur patrie libérée. Et en attendant, on peut dire d'eux ce que Napoléon disait de ses vétérans : « Ils grognent, mais ils marchent toujours. »

Un jour que je visitais l'A. C. M. A., où l'on fabrique des pièces nouvelles et où l'on réfectionne les canons allemands de la Somme ou de la Champagne, portant encore l'écusson impérial, avec cette devise : *Supremum argumentum regis,* je demandais à un chef d'équipe s'il était satisfait de ses ouvriers :

— Je crois bien, me répondit-il, ils travaillent comme s'ils n'étaient pas des soldats !

Le mot m'est resté, car il résume toute une philosophie du travail.

En effet, la terrible expérience de la guerre a mis en lumière ce fait, paradoxal en apparence, que l'on peut obtenir des hommes qu'ils se fassent casser la figure pour 43 centimes par jour, mais qu'il est infiniment plus difficile d'obtenir d'eux un rendement régulier, si on ne leur assure pas le salaire normal de la profession.

Il est des cas, cependant, où, même pour une rémunération médiocre, on parvient à tirer d'eux le maximum d'efforts : c'est quand ils comprennent, quand on leur fait comprendre qu'à l'arrière comme à l'avant ils sont en guerre, ils font la guerre ; que faire des munitions ou s'en servir, c'est également combattre ; que fabriquer des canons ou les tourner contre l'ennemi, c'est également travailler à l'affranchissement du sol natal.

Et c'est parce qu'il en est ainsi que, dans les ateliers surtout où l'on crée directement du matériel de guerre, parmi les forgerons ou les tourneurs d'obus, par exemple, les ouvriers belges du Havre travaillent « comme s'ils n'étaient pas des soldats », ou plutôt travaillent, non pas comme des soldats auxquels on inflige une corvée, mais comme des soldats qui se battent de tout leur cœur, de toute leur âme, pour une cause sacrée.

Combien de temps encore resteront-ils dans cette cité du travail de guerre, qui n'existait pas hier, qui n'existera plus demain? C'est le secret des événements formidables qui se succèdent comme des coups de tonnerre, à l'heure où j'écris ces lignes.

Mais, j'ose le dire, et on s'en convaincra mieux en lisant ce livre, quand le plateau de Sainte-Adresse sera de nouveau transformé en terrains à bâtir, quand les baraquements du Havre serviront d'abris à des réfugiés belges rentrés chez eux et que les machines de Bundy ou de Gainneville ne seront plus que du vieux fer, il restera quelque chose, et quelque chose d'ineffaçable de cette improvisation grandiose : le souvenir d'une des plus remarquables manifestations du génie industriel des techniciens et des ouvriers de notre pays.

POUR LE SALUT DE NOTRE EXISTENCE NATIONALE (1)

Il y aura bientôt deux ans, le Conseil des ministres de Belgique fut appelé à se réunir, quelque part en Flandre, dans le modeste presbytère occupé par notre quartier général. Le curé s'avança pour nous recevoir et, nous voyant pour la première fois, ne put s'empêcher de dire :

— Qui eût cru que jamais, dans cette humble maison, je verrais siéger, sous la présidence du Roi, avec nos ministres catholiques, le grand-maître de la franc-maçonnerie et le président du Bureau socialiste international !

Je me remémore cet étonnement, en prenant part à la réunion d'aujourd'hui, où notre ami Neven, ce rempart des libéraux du Limbourg, vient de renouveler, avec un ministre catholique et un ministre socialiste, un cartel qu'il ne prévoyait certes pas, lorsque ensemble nous étions à la Chambre belge : le *cartel de la résistance et de la libération nationales!*

---

(1) Discours prononcé à Paris, au Trocadéro, au cours d'une manifestation organisée par l'Association générale belge, le 18 mars 1917.

Est-ce à dire que, par le fait de la guerre, nos convictions aient changé? J'ose affirmer que non, pour les autres comme pour moi-même. A l'épreuve du feu, nos opinions, nos croyances, notre foi politique et sociale, ont pu s'épurer, mais elles n'en sont que plus fortes.

Aujourd'hui comme hier, et plus encore aujourd'hui qu'hier, je crois à la nécessité des institutions représentatives ; je tiens que le plus grand inconvénient qui puisse advenir à un gouvernement, c'est d'être, par cas de force majeure, privé du contrôle de la presse et du contrôle du Parlement.

Aujourd'hui comme hier, et plus encore aujourd'hui qu'hier, j'ai horreur de la guerre ; j'ai la haine de ceux qui, pour satisfaire leurs ambitions ou leurs convoitises, ont commis l'inexpiable crime de la déchaîner.

Aujourd'hui comme hier, et plus encore aujourd'hui qu'hier, si c'est possible, je suis ce que j'étais hier, ce que je serai demain : socialiste de toute mon âme, comme Neven est libéral, comme Segers est catholique.

Mais si nous sommes et nous restons des catholiques, des libéraux, des socialistes, nous avons tous, jusque dans les moelles, cet instinct de la liberté qui rapprocha nos pères en 1830.

Ce qui nous divise, ce sont des questions. Ce qui nous unit — comme le fer et le cuivre dans l'airain — c'est une question, c'est la question, la seule question de l'heure présente : le salut de notre existence nationale.

Car nous ne le répéterons jamais assez, dans la lutte actuelle, les Belges ne se battent pas pour prendre quelque chose aux autres, pour faire des conquêtes, pour annexer des territoires contre la volonté de leurs habitants. Ils ne luttent que pour avoir le droit de « vivre libres, ardents et fermes » sur la terre de leurs aïeux.

Peut-être, cependant, en est-il parmi vous — et il en est certainement au dehors — qui ne sont pas suffisamment pénétrés de cette conviction et qui se demandent si la Belgique, si la France ne pourraient pas en finir dès à présent, sans souffrances nouvelles, sans sacrifices nouveaux ?

Pour autant que je la comprenne, leur pensée intime, si elle osait se formuler, pourrait se résumer en ces deux termes : la paix, une paix honorable est possible ; la victoire, une victoire complète, décisive est impossible.

Or, à ceux qui pensent ainsi je veux répondre, je réponds avec toute la force de ma conviction, par ces deux affirmations diamétralement contraires : la victoire est possible ; elle est à notre portée ; elle appartiendra à ceux qui auront le plus d'endurance ; et, par contre, la paix, une paix honorable, une paix qui ne soit pas, sur l'avenir, une hypothèque désastreuse, est impossible, aussi longtemps que la force militaire du césarisme allemand ne sera pas brisée.

Oh ! je le sais, les Allemands, ou du moins certains Allemands — ceux qui s'efforcent de concilier l'obéissance au Kaiser et la fidélité aux principes socialistes — essaient de faire croire, essaient peut-être, de croire le contraire. Ils laissent entendre que si la Belgique voulait, que si la France acceptait de laisser à l'Allemagne les mains libres en Orient, elles pourraient obtenir la paix, sans annexions de part et d'autre.

Mais il importe de le dire nettement, ceux qui parlent ainsi se font des illusions ou se rendent complices d'une manœuvre. Nous avons les plus sérieuses raisons de penser, au contraire, — et j'attire toute votre attention sur ce point — que la pensée du Gouvernement allemand est bien différente, qu'il ne désespère pas encore de la victoire, qu'il ne lâcherait la France qu'en lui infligeant une mutilation nouvelle et que, s'il déclare n'avoir jamais voulu annexer la Belgique, c'est à la condition de prendre contre elle des garanties qui seraient les suivantes : mainmise économique sur les ports, sur les chemins de fer ; garnisons allemandes dans les principaux centres ; défense aux Belges d'avoir une armée nationale. Moyennant quoi, le roi Albert serait admis à garder son trône, à régner sur les ruines de son pays.

Dans ces conditions, je vous le demande, peut-il y avoir deux opinions sur l'attitude qui s'impose à la fois à notre gouvernement et à notre peuple ? Notre devoir est clair. Notre politique s'impose

Nous devons continuer la lutte avec toute l'obstination dont nous sommes capables, et, pour la mener à bonne fin, pratiquer entre nous, largement, loyalement, sans arrière-pensée, notre devise nationale : l'union fait la force.

Je sais bien, et je me reprocherais de dissimuler, qu'à certaines heures, cette union de tous — pour nécessaire, pour indispensable qu'elle soit — peut n'être pas facile. Nous ne pensons pas de même sur bien des choses. Nous pouvons avoir les uns contre les autres des griefs fondés, des sujets de plainte légitimes. Et puis, il y a l'exil avec ses tristesses, ses amertumes et ses mauvaises humeurs. On a le mal du pays. On se trouve aux prises avec les mille difficultés de l'existence. On a le cafard, cette maladie contagieuse de toutes les émigrations. Bref, par la force des choses, les incompatibilités d'humeur s'aggravent, les conflits personnels, ou politiques, ou administratifs, s'enveniment, et l'on ne se retrouve d'accord que pour dauber sur le Gouvernement, où toutes les opinions se trouvent représentées et contre qui, par conséquent, toutes les opinions trouvent matière à critique.

Il n'y a là rien que de très naturel, et d'ailleurs si les autres ne disaient pas de mal du Gouvernement, ses membres se chargeraient sans doute de le faire à leur place.

Mais peut-être sera-t-il permis à l'un de ceux qui occupent modestement, en Conseil, le strapontin des ministres sans portefeuille, de constater que le

Gouvernement belge, n'eût-il fait que de vivre, ce serait déjà une chose étonnante qu'avec les quatre-vingt-dix-huit centièmes de notre territoire occupés, il y ait encore, à trois cents kilomètres de ses frontières, un gouvernement régulier qui dispose d'une armée, qui gère une vaste colonie et qui administre un budget deux fois plus élevé qu'en temps normal.

A ce gouvernement, né de la guerre et fait pour la guerre, deux tâches essentielles s'imposaient : maintenir notre armée, cet instrument de la délivrance ; ravitailler nos compatriotes restés au pays. Or, ces deux tâches, à tout le moins, ont été pleinement remplies.

Si la Belgique occupée ne meurt pas de faim, c'est grâce aux États-Unis, à l'Espagne, à la Hollande, aux Alliés, mais c'est grâce aussi — on l'a dit à la Chambre des Communes — parce que le Gouvernement belge consacre chaque mois des millions à l'achat des vivres pour ses compatriotes.

Quant à l'armée, vous savez, vous ne savez que trop — notre cœur à tous en a saigné — ce qu'elle était après Anvers, après l'Yser, avec ses canons usés jusqu'à l'âme, avec ses divisions réduites à 80.000 hommes, à 37.000 baïonnettes.

Tout était à refaire et tout a été refait.

Les vides ont été comblés. Les effectifs ont doublé depuis deux ans. Notre matériel d'artillerie n'a jamais été ce qu'il est aujourd'hui. Nos soldats sont bien armés, bien vêtus, et, malgré les difficultés grandissantes du ravitaillement, convenablement nourris.

Oh ! je sais bien ce qui leur manque. Je n'ai pas l'illusion de croire que nos « jas » puissent être contents lorsqu'ils manquent de pommes de terre. Je ne puis songer, sans un douloureux frisson, à tout ce qu'ils ont souffert, à tout ce qu'ils ont enduré depuis trente mois, trempés de pluie, mordus de gel, loin de leur pays, loin de leurs parents, sans même avoir toujours la consolation de quelque lettre passée en fraude.

Mais je constate, j'ai le droit de constater ce fait incontestable que, malgré tout, l'armée belge, telle qu'elle est aujourd'hui, est le résultat d'un effort prodigieux qui fait autant d'honneur à l'activité des chefs qu'à la patience, à l'énergie, à la bonne volonté des simples soldats.

Dans le livre si vivant du commandant Willy Breton, *Un Régiment belge en campagne* (1), il nous raconte, avec une communicative émotion, l'histoire d'un blessé, d'un soldat du 1er de ligne, qui, les deux cuisses traversées d'une balle et le bras mis littéralement en bouillie par un éclat d'obus, trouvait encore la force de jeter cette plaisanterie :

— Mon père, s'il me voyait, pourrait dire : « Je ne l'ai pas fait beau, mais je l'ai fait brave. »

C'est à l'armée belge tout entière que l'on pourrait rendre pareil témoignage.

---

(1) Berger-Levrault, éditeurs.

Notre soldat a souvent la casquette de travers et la vareuse débraillée. On ne l'a pas fait beau, mais on l'a fait brave, et je ne connais rien de plus émouvant que de voir, à mesure que l'on se rapproche du front, le moral s'élever, la volonté de vaincre devenir plus active et plus forte.

Pourquoi?

Parce que, pour les soldats du front, l'ennemi n'est pas une abstration, une menace lointaine : il est là, à quelques centaines de mètres, et c'est lui qui barre la route qui doit nous ramener au pays!

Que de fois je l'ai regardée avec eux, cette terre promise où nous voyions, par delà les lignes allemandes, se profiler le clocher d'Ostende et, aux jours clairs, le beffroi et les tours de Bruges! Et avec quelle ferveur j'ai partagé le désir de nos hommes d'avancer, de refouler l'invasion, de rentrer, victorieux, dans la patrie reconquise!

C'est aujourd'hui le 18 mars.

Il y a quarante-six ans, à pareil jour, la France était vaincue. Les armées allemandes étaient encore devant Paris. La Commune était inaugurée, la guerre civile commençait.

Aujourd'hui, la France est attaquée de nouveau. Elle subit pour la seconde fois, que dis-je, pour la vingtième fois, l'agression de ce peuple dont Tacite disait déjà : « Ils n'ont qu'un désir, toujours le même, prendre les belles terres d'à côté, engranger le blé et boire le vin des Gaules. »

Mais, cette fois, de Dixmude à Verdun, les

armées de la République tiennent tête, et voici que, de toutes parts, les peuples du monde entier se rangent autour de la France. C'est l'Italie qui fait à la fois une guerre de solidarité et une guerre de libération. C'est la Russie, qui a toujours fini par vaincre ceux qui croyaient l'avoir vaincue. C'est la Grande-Bretagne qui vient de vérifier magnifiquement, à Bagdad, cette parole d'un des siens : « Nous autres, Anglais, nous perdons toutes les batailles, sauf la dernière. » Et demain, aujourd'hui peut-être, ce sont les États-Unis qui, par la grande voix du président Wilson, se déclarent prêts à défendre, « fût-ce par la guerre », le plus noble, le plus beau programme qui ait jamais été proposé aux peuples libres, avides à la fois de paix et de justice.

C'est ainsi que lentement, mais inéluctablement, les destins sont en voie de s'accomplir.

Celui qui a brûlé Louvain, qui a ruiné Dinant et Termonde, bombardé des villes ouvertes, fait la guerre à ceux mêmes qui ne faisaient pas la guerre, apparaît désormais à tous comme l'ennemi du genre humain. Il voit se dresser contre lui la coalition de toutes les forces morales du monde et, dans cette lutte qui doit être décisive, nous avons de plus en plus confiance que le dernier mot restera à l'Humanité.

V

BELGIQUE, FRANCE ET ANGLETERRE

LE RAPPROCHEMENT ÉCONOMIQUE DE LA FRANCE ET DE LA BELGIQUE (1)

La Foire de Lyon va, dans quelques jours, être ouverte aux fabricants et commerçants des pays alliés. Je voudrais, à cette occasion, ne pas me borner au simple témoignage d'une sympathie qui est nécessairement acquise à ses organisateurs. Il importe également de marquer de quelques traits la situation qui sera faite, dans l'Europe de demain, à un petit pays comme le nôtre, dont l'existence économique dépend, dans une large mesure, de ses relations avec les puissances voisines. Avant la guerre, le principal débouché de la Belgique était l'Allemagne. Anvers avait pour hinterland les formidables bassins industriels du Rhin et de la Westphalie. Du côté de la France, au contraire, les produits qui eussent pu se diriger vers l'Escaut, par une pente naturelle, étaient en grande partie détournés ou arrêtés par des artifices de protection.

Si cet état de choses, du côté français, devait perdurer après la guerre, notre pays n'aurait de

---

(1) Article paru dans le *Journal officiel de la Foire de Lyon* du 14 mars 1917.

choix qu'entre deux alternatives presque également redoutables : ou bien rompre plus ou moins complètement avec les puissances centrales, sans trouver du côté français des débouchés compensateurs et voir Anvers subir une décadence pire qu'après la fermeture des bouches de l'Escaut; ou bien, subissant la loi de sa situation géographique, retomber, plus complètement qu'elle ne fut jamais, sous la dépendance économique de l'Allemagne.

C'est pour échapper à ce dilemme que la Belgique se tourne confiante vers les Alliés et tout d'abord vers la France, sa plus proche voisine.

Elle lui demande de rechercher quels débouchés compensateurs les deux pays pourraient s'accorder mutuellement et, disposée de son côté aux concessions les plus libérales, elle croit pouvoir espérer que, dans l'avenir, les restrictions, qui frappaient en France le transit des produits par Anvers, seront abolies. Elle souhaite que les industries métallurgiques belges et françaises s'accordent pour défendre leurs intérêts communs contre les mesures de représailles que pourraient prendre les Empires centraux. Elle serait heureuse, enfin, de voir se conclure entre les deux pays une entente économique qui soit aussi intime que possible, tout en respectant la liberté de chacun d'eux à l'égard des tierces parties.

Mais je ne dirais pas ma pensée tout entière si je n'ajoutais point qu'à mon sens ce rapprochement économique ne saurait se faire sur la base d'un protectionnisme, voire d'un prohibitionnisme étroit et agressif, prolongeant la guerre actuelle sous des formes insidieuses. Ce serait encore la guerre, après la guerre, et sans doute, hélas! avant une guerre nouvelle. Or, c'est la paix, la paix réelle et solide que nous voulons. Nous envisageons avec effroi une Europe en deux blocs économiques s'opposant l'un à l'autre, pour le plus grand profit de minorités avides, mais au plus grand détriment des classes travailleuses. Et c'est pourquoi, fidèles aux principes que le Socialisme n'a cessé d'affirmer, nous saluons, dans la Foire de Lyon, le rapprochement industriel et commercial des Alliés, en attendant que, par le triomphe de notre juste cause, s'inaugure le rapprochement des peuples libérés, et réconciliés.

L'ANGLETERRE ET LA BELGIQUE (1)

Il y a quelque temps, je me trouvais au front. La nuit tombait. Des soldats, vêtus de kaki, causaient, au coin d'un feu, me tournant le dos. Ils parlaient anglais. Aussi je les pris tout d'abord pour des Anglais, me demandant ce qu'ils faisaient dans les lignes belges. Mais, en y regardant de plus près, je vis à leur casquette notre cocarde tricolore. C'étaient des Belges, des Flamands. S'ils parlaient anglais, c'était pour s'exercer, pour être mieux à même de causer avec leurs amis d'Angleterre, le jour où ils iraient en congé de l'autre côté de la Manche.

Ce n'est point là d'ailleurs un fait isolé.

Des milliers de soldats belges — des Flandres surtout — ont par sympathie appris l'anglais depuis la guerre. Ils lisent des journaux de Londres. Ils ont en poche un dictionnaire. Ils gardent un souvenir ému des premiers mots échangés avec leurs frères d'armes de Grande-Bretagne, à Anvers, sur l'Yser ou bien dans les hôpitaux, quand ils étaient blessés, dans les music-halls,

---

(1) Article paru dans la Revue *Country Life*, du 21 novembre 1916.

quand l'hospitalité anglaise faisait si cordialement fête à nos permissionnaires.

Entre l'âme belge et l'âme anglaise, d'ailleurs, il ne manque pas d'atomes crochus, d'affinités électives.

Certes, à première vue, les différences sautent aux yeux et le contraste est frappant, par exemple, entre la correction britannique et le laisser-aller, pour ne pas dire le débraillé belge.

Mais au fond, ce sont gens plus ou moins de même race, avec les mêmes qualités de sens pratique, d'énergie persévérante, et aussi le même individualisme, la même aversion pour le caporalisme à la prussienne, le même amour pour la liberté et pour le *self help*.

Ce qui nous frappe d'abord chez l'Anglais, c'est sa réserve, sa timidité, que d'aucuns prennent bien à tort pour de l'arrogance. Mais la glace une fois rompue, le contact établi, la sympathie, cordiale et profonde, se joint bientôt à l'admiration reconnaissante que nous avions déjà pour un grand peuple.

Ceux qui, en Europe, n'ont d'admiration vraie que pour le pouvoir personnel, l'esprit d'autorité, le droit de la force, ne tarissent point d'admiration et d'éloges pour l'*organisation* allemande.

Je me garderai bien de sous-évaluer celle-ci, de prétendre que nous n'ayons rien à en apprendre.

Mais j'ose dire que cette guerre a fait surgir quelque chose de plus admirable encore que l'organisation allemande, automatique et autoritaire :

c'est l'*organisation* anglaise, si libre, si spontanée, et, malgré ses lenteurs, ses complications, ses faiblesses, si merveilleusement efficace.

Que l'on songe, en effet, à ce qu'était la force britannique au moment où, pour défendre la Belgique, dont l'intérêt se confondait avec le sien, l'Angleterre déclara la guerre à l'Allemagne.

Protégée par sa flotte, elle était inexpugnable aussi longtemps qu'elle resterait dans son île.

Mais pour vaincre, pour sauver les libertés de l'Europe et du monde, elle devait prendre pied sur le continent, et qu'avait-elle pour cela? Un corps expéditionnaire de 80.000 à 100.000 hommes, des soldats magnifiques, assurément, mais des soldats dont le maréchal Bugeaud disait, au temps où la France et l'Angleterre étaient l'une à l'autre hostiles: « Ce sont les premiers soldats du monde· heureusement il n'y en a pas beaucoup. »

Pour que cela change, pour que les héros de Mons soient renforcés ou remplacés par 4 millions d'hommes, il a fallu deux ans, et pendant ces deux années, pleines de dangers et d'angoisses, que de fois avons-nous dû contenir notre impatience, voire dissimuler notre inquiétude !

Mais aujourd'hui, le résultat est acquis, et il est formidable.

Ce n'est plus seulement avec sa marine ou avec sa cavalerie, son inépuisable cavalerie de Saint-Georges, que la Grande-Bretagne, entourée de ses colonies, pèse dans la balance du destin : c'est avec une armée de terre, puissamment outillée, merveilleusement équipée, qui vient de faire ses preuves sur la Somme, et dont la présence, aux côtés de la splendide armée française, est le gage certain de la victoire finale.

Quelqu'un disait, à l'époque des guerres napoléoniennes : « Nous autres, Anglais, nous perdons toutes les batailles, sauf la dernière. »

Ce mot n'est certes plus vrai aujourd'hui, car les Anglais ont combattu sur la Marne, ont arrêté l'ennemi à Ypres, ont été vainqueurs à Thiepval, et nous ne sommes pas encore en vue de la dernière bataille.

Néanmoins, on pourrait trouver encore dans cette phrase un grain de vérité.

La Grande-Bretagne, profondément pacifique, consciente de la protection que lui donne sa situation insulaire, a mis plus de temps que la France, par exemple, pour être sur pied de guerre, pour déployer toute sa force, pour faire sortir de terre ses armées, pour créer le gigantesque outillage de ses fabriques de canons et de munitions. Mais à l'heure où d'autres ont donné tout leur effort, mis en ligne toutes leurs réserves, eu recours à tous les expédients pour maintenir leurs effectifs, pour faire face à leurs nécessités financières, le colosse britannique commence seulement à se déployer tout entier, et, sans faire tort à aucun des Alliés, qui ont fait avec leur génie propre tout ce qui était humainement possible pour la cause commune, il est juste de dire que c'est grâce à lui que la dernière bataille de cette guerre sera, sans aucun doute possible, une bataille victorieuse.

Je me souviens, en écrivant ces lignes, de notre indicible angoisse lorsque, le 4 août 1914, ayant fait appel à nos garants pour défendre la Belgique contre l'envahisseur allemand, nous attendions la réponse de l'Angleterre.

Quand elle vint, nous éprouvâmes un inexprimable soulagement : une fois de plus le peuple britannique se levait pour la défense de la liberté, pour la lutte contre le césarisme. L'issue finale de la guerre était par ce fait décidée. Nous aurions à souffrir, nous aurions à patienter et à endurer, mais la Belgique ne mourrait pas, la Belgique verrait sonner, tôt ou tard, l'heure des réparations.

Depuis, tout ce qu'a fait l'Angleterre est venu augmenter encore notre dette de reconnaissance : elle a accueilli nos réfugiés, elle a soigné nos blessés, elle a puissamment contribué au ravitaillement de la Belgique occupée, elle a, d'accord avec la France et la Russie, rendu possible la reconstitution de l'armée belge, la continuation de notre vie gouvernementale. Elle nous a secourus à l'heure du danger; elle nous a soutenus pendant l'épreuve, elle nous aidera jusqu'au bout à recouvrer notre place au soleil, à refaire la Belgique libre dans l'Europe libérée.

Nous lui en rendons grâce de toute la force de notre cœur.

VI

LA RÉVOLUTION RUSSE

LA LIBÉRATION PAR LA VICTOIRE (1)

La guerre, en s'abattant sur nous comme « le voleur dans la nuit », a modifié de fond en comble les positions de combat du prolétariat européen.

Que l'on se reporte, en effet, aux premiers six mois de 1914.

Dans tous les pays, sans exception, la classe ouvrière organisée faisait front contre les classes maîtresses, séparée d'elles par un abîme qui paraissait infranchissable. Dans tous les pays, également, les travailleurs socialistes se considéraient comme les membres d'un seul et même parti, ayant le B. S. I. pour centre et étendant par-dessus les frontières son action internationale.

Mais du jour au lendemain, tout fut changé : l'Internationale se trouva divisée contre elle-même ; l' « union sacrée », plus ou moins sincère, plus ou moins loyale, devint le mot d'ordre dans tous les pays ; et, par le fait, en même temps qu'éclatait la guerre, s'ouvrit, pour chaque socialiste, pour chaque parti socialiste, une crise de conscience formidable, qui a jeté dans des millions d'âmes ouvrières l'angoisse, le trouble et la perturbation.

---

(1) Article paru dans l'*Appel* du 1er octobre 1916, organe des socialistes russes en France.

Certes, d'un bout à l'autre de l'Europe, il n'était pas également difficile de surmonter cette crise, de s'arrêter sur le parti à prendre.

Pour nous, Belges, par exemple, le problème était relativement simple : nous étions assaillis sans provocation; nous étions victimes de ce que nos agresseurs eux-mêmes, au Reichstag, avouaient être une injustice; nous avions à lutter pour notre existence comme nationalité libre. On brûlait nos maisons, on se ruait sur nos villes, on tuait, sous des prétextes menteurs, des milliers de nos compatriotes; et, d'autre part, nous ne pouvions attribuer à un gouvernement contre lequel, par ailleurs, nous avions tant de griefs, la moindre responsabilité dans une guerre qu'il n'avait pas voulue. Aussi n'y eut-il, parmi les militants du Parti ouvrier belge de la Section belge de l'Internationale, aucune hésitation ni aucune dissidence : bien plus, ce furent les plus « extrême gauche » de nos camarades, les plus ardents, les plus révolutionnaires, de nos antimilitaristes, — Louis De Brouckère, Henri De Man, ou les secrétaires de nos Jeunesses socialistes, — qui furent les premiers à aller s'engager comme volontaires de guerre. Et si quelque « internationaliste » me reprochait, une fois de plus, d'être ministre, ministre pour quelques mois, dans un gouvernement de salut public, je pourrais lui répondre ceci : des deux adversaires les plus déclarés de la participation ministérielle dans notre pays, avant la guerre, l'un, De Brouckère, est aujourd'hui sergent dans l'armée belge, tandis que l'autre, De Man, le lieutenant De Man, vient d'être décoré par le roi d'Angleterre !

Chez nous donc, point de désaccord : notre cas de légitime défense était trop évident.

Mais en est-il de même ailleurs ?

Je me garde bien de le prétendre.

Je reconnais volontiers, je ne puis pas ne pas reconnaître, que pour un Juif, pour un Polonais, pour un Finlandais, pour un social-démocrate russe ou un socialiste révolutionnaire, il est infiniment plus difficile que pour nous d'identifier la cause de l'Entente avec la cause de la liberté et de la démocratie.

Mais pour juger de l'intérêt que nous pouvons avoir, en tant que socialistes, à nous départir d'une neutralité passive, à souhaiter la victoire d'un des partis, à être d'un côté des tranchées plutôt que de l'autre, ce n'est pas, ou ce n'est pas seulement au point de vue national qu'il faut se placer, mais encore et surtout au point de vue international.

Or, à ce point de vue, on doit admettre qu'entre les deux coalitions qui se partagent l'Europe, nous avons intérêt à voir triompher celle qui représente pour les peuples la plus grande somme de démocratie et de liberté politique.

Non pas, bien entendu, que nous nous en laissions imposer par les formules illusoires de l'idéologie bourgeoise, mais, ainsi que Marx le montrait déjà dans le *Manifeste,* des institutions libres sont la condition nécessaire de la croissance du socialisme parce qu'elles donnent au prolétariat des droits politiques et parce qu'elles portent les luttes de classe à leur maximum d'acuité, en les dégageant de toutes préoccupations secondaires. Sur ce point, d'ailleurs, je ne crois pas être contredit par les plus impitoyables logiciens du « défaitisme », puisque c'est dans l'espoir d'abattre l'absolutisme qu'ils souhaitent de voir les choses aller plus mal, afin qu'elles aillent « mieux ».

Seulement, iraient-elles mieux, je le demande, si la démocratie apparaissait comme incapable de se défendre, si les grandes nations libérales étaient abaissées, si les petites nations étaient réduites en vasselage par l'impérialisme allemand, si la Belgique était supprimée, la Serbie dépecée, la France mutilée, la Grande-Bretagne amoindrie, les Cent-Noirs réconciliés avec les Junker, les peuples libres de l'Europe Occidentale vaincus par la Triple Alliance de Guillaume II, de François-Joseph, de Mahomet V?

Oh! je le sais, à ceux qui vivent de l'autre côté de la Vistule, la réponse à ces questions peut paraître moins claire qu'à nous. Je vois bien les difficultés de leur situation. Je comprends leurs angoisses. Cependant je leur demande d'y réfléchir, de ne pas limiter leur horizon, de voir les ensembles, d'ouvrir les yeux à cette évidence que, dans tous les pays où l'opinion est partagée, les éléments réactionnaires sont avec l'Allemagne, les éléments populaires avec l'Entente.

Il y a quelque temps, le Kaiser, passant par la Belgique, visita l'abbaye des Bénédictins de Maredsous et tint au prieur (je certifie l'exactitude de cette information) un langage singulièrement suggestif :

— Depuis des années, dit-il, je m'efforçais de convaincre mon cousin d'Angleterre et mon cousin de Russie de la nécessité de nous entendre pour défendre les principes d'autorité et les institutions monarchiques ; je n'ai pas été écouté...

Le Kaiser n'est pas seul à s'attribuer cette espèce de mission providentielle.

Un homme très averti, catholique lui-même, nous écrivait récemment qu'en Suisse, — et l'on peut dire la même chose de l'Espagne, — la plupart des catholiques, farouchement hostiles à l'Entente, fondent tous leurs espoirs de réaction sur le triomphe de la monarchie protestante des Hohenzollern ; et, d'une manière générale, qui ne voit pas que, partant, les gens bien pensants, les piliers de la société, les classes réactionnaires en un mot, sont, ouvertement ou sournoisement en sympathie avec la Sainte Alliance des monarchies centrales ?

Fas est ab hoste doceri : si nos pires ennemis sont dans un camp, nous serions aveugles de ne pas voir que notre intérêt est d'être dans l'autre.

Que demain les monarchies centrales l'emportent, et dans le monde entier la liberté et la démocratie subiront une éclipse, car le principe même de leur action est la négation de la liberté et de la démocratie. Que les nations de l'Entente triomphent au contraire, et par la force inéluctable des choses, l'absolutisme reculera partout, car elles n'auront triomphé, elles n'auront pu triompher qu'en se fondant sur le principe contraire avec toutes ses conséquences.

Aussi notre camarade Bourianov avait-il cent fois raison lorsque récemment, à la Douma, il justifiait en ces termes magnifiques son attitude et celle de ses amis :

« Le prolétariat russe veut espérer que son alliance faite dans le sang avec les démocraties de l'Europe Occidentale influera sur la lutte qu'il mène pour la libération politique de la Russie. »

CONTRE L'AUTOCRATIE (1)

C'est au nom du prolétariat belge militant et souffrant que je suis venu parmi vous, pour saluer la Révolution russe, pour célébrer la plus grande victoire, depuis 1789, de cette révolution mondiale, qui commença chez nous, dans les Pays-Bas, contre Philippe II, gagna bientôt après l'Angleterre, libéra les deux Amériques, fonda le règne de la démocratie en France et, toujours plus profonde, plus radicale à chacune de ses phases, vient d'apporter au plus grand peuple du monde les libertés et les droits qui seront la préface nécessaire de son affranchissement social !

Mais nous n'avons pas seulement à féliciter la démocratie russe, nous avons à lui exprimer notre infinie gratitude.

Avant les immortelles journées de mars 1917, une équivoque formidable pesait sur cette guerre.

Nous luttions pour les libertés du monde et nous avions pour allié l'empereur de toutes les Russies. Nous luttions pour le droit des peuples, et on pouvait nous opposer la Pologne ou la Finlande. Nous reprochions aux socialistes allemands de soutenir

(1) Discours prononcé à la Ligue des Droits de l'homme, le 1er avril 1917.

le Kaiser et ils avaient ce prétexte, ou cette excuse, de pouvoir répondre qu'ils se défendaient contre le Tsar.

Aujourd'hui, grâce à la Révolution, cette équivoque a pris fin.

Il y avait en Russie, et surtout parmi les exilés russes, des « défaitistes » qui préféraient la défaite au maintien de l'autocratie, qui attendaient de la défaite la chute d'un régime d'arbitraire et de corruption. Ce régime n'est plus. Le « défaitisme » n'a même plus l'apparence d'une raison d'être, et c'est avec un indicible soulagement que nous saluons l'entrée de la Démocratie russe dans la grande, la Sainte Alliance des peuples libres contre le Césarisme !

On pouvait se demander d'autre part, non sans angoisse, ce que valaient les promesses faites à la Pologne, par un Gouvernement qui continuait à opprimer la Finlande au mépris de la foi jurée, et qui soulevait contre lui l'opinion du monde en accablant les Juifs des plus injustifiables persécutions. Ces questions, aujourd'hui, ont reçu leur réponse : les Juifs ne seront plus maltraités; la Finlande a recouvré son autonomie et, demain, nous assisterons à la résurrection d'un grand peuple, nous verrons la libre Pologne se dresser aux côtés de la libre Russie.

Enfin, quand nous accusions les socialistes allemands de s'être faits les complices du Kaiser, de n'avoir pas trouvé un mot de protestation ni même de pitié pour la Belgique, de n'avoir pas hésité à voter les crédits de guerre contre la France, ils invoquaient le danger russe, ils nous montraient leur situation difficile entre la République et les Cosaques, ils se déclaraient contraints à combattre l'une pour n'être pas livrés aux autres.

Mais, aujourd'hui, que diront-ils, que pourront-ils encore dire? Quelle sera leur situation lorsqu'ils se trouveront entre deux démocraties à coup sûr, entre deux républiques peut-être, et qu'ils devront livrer bataille pour le roi de Prusse aux nations armées de Russie et de France, luttant pour la défense et rien que pour la défense, mais la défense victorieuse, la défense intégrale de leurs libertés et de leurs droits?

Car telle est désormais, dans sa clarté éblouissante, la portée de la lutte suprême qui met aux prises les peuples du monde entier.

D'un côté toutes les autocraties, de l'autre toutes les démocraties, depuis les États-Unis jusqu'à la Russie aux cent peuples, qui, toutes — quelle que soit la forme apparente, monarchique ou républicaine de leur gouvernement — pourraient reprendre, puisqu'elles se gouvernent elles-mêmes, le mot d'ordre que, le 20 avril 1792, Merlin de Thionville jetait à la France : « Ce que je veux dire, c'est qu'il faut déclarer la guerre aux rois et la paix aux nations. »

Nous déclarons, nous aussi, la paix aux nations. Nous ne voulons avoir, malgré tout, de haine contre aucun peuple. Nous aspirons de toute notre âme à saluer l'heure où les travailleurs qui sont dans l'autre camp comprendront que leurs véritables ennemis ne sont pas de notre côté.

Mais plus que jamais nous déclarons, nous entendons poursuivre la guerre contre ceux qui l'ont déchaînée et nous disons, nous avons le droit, nous avons le devoir de dire au peuple russe, qui lui non plus n'est pas au bout de sa tâche : il a fait sa révolution ; il lui reste, et il nous reste, à la consolider et à l'achever.

Comment pourrait-il d'ailleurs ne pas s'en rendre compte, alors que la menace allemande est toujours là, alors qu'aux frontières mêmes de la vieille Russie, Hindenburg songe peut-être à profiter de la mue révolutionnaire pour tenter un nouveau coup ?

Dans l'Europe d'hier, les deux autocraties, même divisées, restaient solidaires. Le Kaiser et le Tsar s'appuyaient l'un sur l'autre. Dans l'Europe d'aujourd'hui, la chute de Romanoff ébranle Hohenzollern. Mais aussi, la victoire de Hohenzollern pourrait ramener Romanoff et, dans ces conditions, le prolétariat de Russie assumerait vis-à-vis de lui-même et vis-à-vis des travailleurs de tous les pays, la plus lourde, la plus écrasante des responsabilités si, après avoir su vaincre à l'intérieur, il laissait les armées victorieuses du Kaiser ramener dans leurs bagages le régime qu'il a su renverser.

Il doit donc consolider la Révolution. Mais il doit aussi, nous devons aussi l'achever.

Je vous montrais, en commençant, la révolution naissant aux Pays-Bas, et passant, par bonds successifs, en Angleterre, aux États-Unis, en France, en Russie, fondant partout la souveraineté populaire, consacrant partout le droit des peuples. Si bien qu'à l'heure actuelle, il ne reste plus dans toute l'Europe, à part les tyranneaux balkaniques, que trois représentants de l'ancien régime : Charles Ier, portant le poids des fautes de ses ancêtres, Mahomet V, taché du sang des Syriens et des Arméniens, Guillaume II, l'homme qui assassina, l'auteur directement responsable des plus affreux massacres d'innocents que le monde ait jamais connus.

Or, je le demande, qui donc prétendra, en Russie ou ailleurs, que la Révolution ait atteint son but, aussi longtemps que les monarchies centrales resteront debout, aussi longtemps que les Hohenzollern jouiront de l'impunité de leurs crimes ?

Aussi est-ce avec joie que nous avons vu le Comité des ouvriers et des soldats de Petrograd prononcer, par la voix de leur président, le citoyen Tcheidze, ces paroles décisives :

« Nous nous adressons aux Allemands avec le fusil à la main. Avant de parler de paix, nous proposons aux Allemands de détrôner Guillaume. Si les Allemands dédaignent notre appel, nous lutterons contre eux jusqu'à la dernière goutte de notre sang. »

Jamais, j'ose le dire, depuis que la guerre s'est

abattue sur le monde, le problème n'a été plus clairement, plus nettement posé. Il ne pouvait l'être d'ailleurs avant que le peuple russe en ait simplifié les termes, et c'est son mérite insigne d'avoir eu la hardiesse et la force de se dresser en pleine guerre contre un régime de corruption et de traîtrise, de jeter bas, d'un coup d'épaule, un énorme pan de mur de la citadelle du vieux monde et de rendre sensible à tous ce fait d'une incalculable portée que dans une Europe où la liberté des peuples est à la fois la condition et la garantie de la paix, il n'y a plus, pour y faire obstacle, que le Kaiser et ses vassaux, que le roi de la Prusse militaire et féodale, dernier rempart de l'ancien régime, suprême réduit de la réaction.

Or, le problème ainsi posé n'admet point de solutions indécises ou incomplètes. Ou bien le Kaiser l'emportera et c'en sera fait de la révolution en Russie, de la liberté en Europe. Ou bien les peuples libres auront le dessus, et alors, alors seulement, nous aurons la paix, la paix durable, la paix définitive, fondée sur la Sainte Alliance des peuples, affranchis et réconciliés.

C'est pour cela que nous luttons. C'est pour cela que luttent nos frères de Russie, et je prends acte, en finissant, de l'engagement qu'hier encore ils prenaient vis-à-vis de nous et vis-à-vis d'eux-mêmes :

« Nous défendrons à outrance notre liberté contre tous les attentats intérieurs et extérieurs. La

Révolution russe ne bronchera pas devant la baïonnette des conquérants et ne permettra pas qu'elle soit écrasée par la force militaire extérieure. »

Le passé de ceux qui parlent ainsi nous répond de l'avenir.

AUX OUVRIERS RUSSES !

Au nom des ouvriers belges, réduits au silence depuis trois ans par les envahisseurs de leur pays, nous envoyons au prolétariat russe notre salut fraternel.

L'heure est décisive.

Il en est parmi vous qui attendaient de la défaite la chute de l'autocratie ; c'est l'effort victorieux du peuple russe lui-même qui vient de la faire tomber.

Désormais, il n'y a plus de doute possible sur le caractère et la portée de la lutte suprême qui a le monde entier pour champ de bataille.

D'un côté, il y a tous les peuples libres qui font, dans l'intérêt commun, une guerre de défense, de libération ou de solidarité.

De l'autre, il y a les derniers représentants de l'absolutisme qui ont commis l'inexpiable crime de déchaîner la guerre pour satisfaire leurs ambitions et imposer à l'Europe leur régime politique et militaire.

Si la grande cause de la liberté triomphe, ce sont les voies largement ouvertes à l'émancipation des travailleurs ; c'est, demain, l'Internationale rétablie sur les bases de l'autonomie des nationalités et du droit des peuples de disposer d'eux-mêmes.

Si, pour le malheur du monde, le despotisme devait l'emporter par la défaillance de ceux mêmes qui viennent de donner aux travailleurs d'Allemagne et d'Autriche le plus splendide des exemples, ce serait la fin de toutes nos espérances et, pour les petites nationalités, pour la Belgique surtout, qui n'est entrée dans cette guerre que par fidélité à ses obligations internationales, la négation même de son droit à l'existence et sa condamnation à une insupportable servitude.

Mais nous avons confiance dans nos frères de Russie.

Nous avons l'absolue conviction qu'après s'être libérés eux-mêmes ils continueront la lutte pour assurer l'indépendance des autres, et c'est avec cet espoir que nous saluons la Révolution russe, qui doit assurer et réaliser, pour être complètement victorieuse, la défaite décisive des derniers représentants de l'autocratie en Europe.

Les Membres du Bureau du Conseil général du Parti ouvrier résidant hors Belgique.

Signé : Émile Vandervelde,
Louis De Brouckère.

AUX TRAVAILLEURS DE RUSSIE (1)

A l'heure où vous venez de conquérir votre liberté, par le plus puissant effort que le monde ait connu depuis la Révolution française, ceux qui sont encore dans la servitude se tournent vers vous.

Vous avez, certes, entendu parler du martyre de vos frères de Belgique.

Pour les punir de s'être défendus et d'avoir été réduits au chômage par l'invasion, les autorités militaires allemandes ont résolu de les faire travailler de force, de les déporter par masses, de les employer à faire des tranchées, à fabriquer du matériel de guerre, à aider leurs ennemis contre leur propre patrie. On les a emmenés captifs en Allemagne. On a employé contre eux la contrainte de la faim. On ne les renvoie chez eux, quand ils ne meurent pas en route, que physiquement et moralement ruinés par des privations inouïes.

C'est contre ce crime sans nom que les ouvriers de Belgique vous demandent aide et assistance.

Je n'ajoute rien à leur appel. Je me borne à en affirmer, sur l'honneur, l'absolue authenticité.

---

(1) Appel paru en mars 1917.

Frères de Russie !

Vous êtes désormais des hommes libres. Vos camarades de Belgique sont encore des esclaves. Ils vous supplient de les libérer. Ce qu'ils vous demandent, ce ne sont pas des paroles, mais des actes. Pour les délivrer, il faut et il suffit que tous les peuples libres restent unis et poursuivent victorieusement leur effort contre les derniers représentants de l'absolutisme. Les ouvriers belges placent en vous le meilleur de leur espoir. Cet espoir, j'en ai la conviction profonde, ne sera pas trompé.

SOLDAT RUSSE, MON FRÈRE, SAUVE LA BELGIQUE!

Connais-tu la Belgique?

Soldat russe, mon frère, connais-tu la Belgique?

C'est un très petit pays, le plus petit de l'Europe, mais les hommes y vivent si nombreux, qu'il ressemble à une ruche d'abeilles laborieuses. Comme tous ceux qui travaillent, les Belges détestaient la guerre. Ils vivaient en paix avec tous leurs voisins. Ils croyaient ne devoir jamais se battre. Leur indépendance et leur neutralité étaient garanties par un traité solennel, signé par toutes les grandes puissances : l'Angleterre, la France, la Russie et aussi l'Allemagne. Mais en échange de cette garantie, la Belgique, en vertu du même traité, avait l'obligation, si l'un de ses voisins essayait de passer par chez elle pour attaquer une autre nation, de combattre pour l'en empêcher.

David contre Goliath.

Or, le 2 août 1914, l'Empereur allemand dit au roi des Belges : « Je viens de déclarer la guerre à la France et à la Russie. J'ai de gros canons. J'ai des armées formidables. Je veux être à Paris dans trois semaines et à Petrograd dans trois mois. Mais pour cela j'ai besoin de passer par la Belgique. Laisse-moi passer. Si nos troupes en passant font quelque dommage, je t'indemniserai et je te récompenserai à prix d'or. »

Le roi des Belges et son Gouvernement répondaient : « On nous demande de choisir entre notre repos et notre honneur. Nous choisissons notre honneur. Vous ne passerez pas. »

Et comme le jeune David contre le géant Goliath, la petite Belgique, prenant les armes, se dressa contre le colosse allemand.

Les forts de Liége.

Les Belges étaient un contre quatre. Ils étaient sûrs d'être vaincus. Mais ils s'enfermaient dans les forts de Liége et, pendant huit jours, ils arrêtèrent les Allemands. Ceux-ci perdaient 40.000 hommes — la valeur d'un corps d'armée. Mais ils perdaient bien autre chose : ils perdaient une semaine et, pendant cette semaine, la Russie termina sa mobilisation, la France acheva ses préparatifs, et quand, reprenant leur marche, les armées allemandes avançaient sur Paris, le général Joffre gagna sur elles la bataille de la Marne.

On a souvent besoin d'un plus petit que soi : la faible Belgique, en se sacrifiant, a couvert de son corps le grand peuple de France et lui a donné le temps de fourbir ses armes et de refouler l'invasion.

Les atrocités allemandes.

C'est ce que l'Empereur allemand n'a pas pardonné à la Belgique. N'ayant pu ni la corrompre ni l'intimider, il a résolu de la punir ; n'ayant pu la soumettre, il a résolu de la piller, de la ruiner, de la mettre à feu et à sang.

J'ai vu, de mes yeux vu, ô mon frère russe, le martyre de mon peuple.

J'ai vu brûler nos villes et faire de nos villages un amas de décombres.

J'ai vu, à Anvers, le premier zeppelin jeter des bombes en plein centre de la ville, et j'ai encore dans les yeux l'horreur de cette maison éventrée où neuf personnes ont été mises en miettes et où, le lendemain, on trouvait encore sur les murs des débris d'entrailles et de cervelles.

J'ai vu, sur le bord d'une route, des paysans assassinés, et je sais, pour l'avoir lu dans le rapport d'enquête de notre Gouvernement, que les Allemands ont fusillé ou fauché à coups de mitrailleuse plus de 5.000 personnes, des civils, sans armes, sans défense, que l'on accusait faussement d'avoir tiré sur l'ennemi.

J'ai vu enfin, après la chute d'Anvers, ce que vous-mêmes avez vu en Pologne : tout un peuple qui fuyait devant les troupes allemandes pour échapper au viol, à l'incendie, au pillage et au massacre.

De telle sorte qu'aujourd'hui, tandis que 7 millions de Belges souffrent de la faim dans leur pays, entouré de fils de fer barbelés comme si c'était une immense cage, il y en a plus de 700.000 autres qui sont proscrits, exilés, réfugiés en Hollande, en France, en Angleterre, et qui, si on ne leur avait pas donné l'hospitalité, n'auraient pas même eu une pierre pour reposer leur tête.

Sept cent mille sans travail !

Mais ce n'est pas tout !

Après avoir envahi et dévasté la Belgique, les Allemands, comme des sangsues, se sont mis à lui soutirer jusqu'à épuisement tout ce qu'elle possédait.

Ils lui ont imposé une contribution de guerre qui dépasse 200 millions de roubles par an.

Ils ont infligé à nos villes des amendes formidables.

Ils ont volé dans nos fabriques les machines, les matières premières, tout ce qui pouvait leur servir à créer de nouveaux moyens de guerre contre les Alliés.

Et puis, après avoir pris les richesses, Hindenburg a pris les hommes.

On avait essayé tout d'abord d'obtenir, en leur offrant de hauts salaires, que les ouvriers belges consentent à faire des tranchées, à fabriquer du fil de fer barbelé, à conduire des trains de chemin de fer, à extraire du charbon pour les armées allemandes.

Les ouvriers belges ont refusé. Ils ont fait la grève générale contre le Kaiser. Ils ont dit qu'ils préféraient mourir de faim plutôt que de tisser le linceul de leur patrie. Et, n'ayant pas de travail ou ne voulant pas travailler pour les Allemands, ils seraient littéralement morts de faim si l'Amérique n'était pas venue à leur secours et si la charité de tous les peuples — sauf l'Allemagne — ne leur avait pas assuré le pain quotidien.

Mais à la fin de 1916, il y avait en Belgique 700.000 chômeurs et, avec leurs familles, 3.500.000 personnes dépendant de l'assistance publique.

Les déportations.

C'est alors que Hindenburg et le Kaiser, voulant à toute force se procurer des bras pour leurs usines de guerre, ont prétexté le chômage des ouvriers belges pour leur dire : « Vous ne voulez pas travailler ? Vous dites que vous n'avez pas de travail ? Eh bien, nous vous donnons le choix : ou bien vous travaillerez volontairement, ou bien nous vous prendrons de force, nous vous arracherons à votre famille et nous vous enverrons et nous vous déporterons en Allemagne ou dans la zone de nos armées. »

Et ils ont fait comme ils l'avaient dit.

A partir du mois de novembre 1916, ils ont ordonné, sous peine de prison, aux ouvriers belges de venir dans les Kommandanturen, ils les ont parqués comme un vil troupeau, puis, les entassant dans des wagons à bestiaux, ils les ont déportés en Allemagne, comme jadis on déportait les révolutionnaires russes en Sibérie.

C'est ainsi, par exemple, que dans une petite ville que je connais bien, à Wavre, un jour d'hiver, on rassemble, de grand matin, tous les hommes. On choisit les plus vigoureux, malgré les cris et les pleurs de leurs femmes. On les fait monter dans le train, et, comme pour défier leurs bourreaux, ils criaient : Vive la Belgique ! et chantaient la *Marseillaise,* on fait venir une musique militaire, qui jouait des pas redoublés pour étouffer leurs voix. Mais malgré tout, dominant le bruit, la *Marseillaise,* ce cri de liberté, montait au ciel comme un défi et comme un espoir.

Cent mille déportés.

Dans une autre ville, à Gembloux, on voulait emmener un homme, dont la femme était morte le matin même, laissant après elle cinq petits enfants. Le père demande à genoux qu'on lui donne le temps d'assister aux funérailles. Les autorités communales, elles aussi, supplièrent qu'on lui accordât quelques jours de répit. Ce fut en vain.

Les soldats arrivèrent, obligèrent ce malheureux à les suivre, laissant ses enfants en larmes près du cadavre de leur mère.

Et dans tout le pays, ce fut pendant plus de quatre mois des scènes analogues. Plus de cent mille hommes furent déportés et durent aller travailler en Allemagne, où on ne leur donnait même pas de quoi manger à leur faim.

L'appel des ouvriers.

C'est alors, ô mon frère russe, que de la Belgique ouvrière s'éleva un long cri de détresse. Les ouvriers belges m'envoyaient un message où ils disaient leur désespoir et leur colère. Ils me demandèrent d'envoyer un message à leurs frères de tous les pays, en réclamant d'eux aide et assistance. Mais ils ajoutèrent : « Quoi qu'il arrive, nous ne fléchirons pas. On peut nous affamer. On peut nous emprisonner. On peut réduire notre corps en esclavage, mais on n'aura pas notre âme. Et, si grandes que soient nos souffrances, nous aimons mieux les voir centuplées que d'accepter la paix allemande et de renoncer à l'indépendance de notre pays ! »

Nous ne serons jamais soumis.

Or, ce que disent les ouvriers, c'est ce que dit la Belgique tout entière.

Le 4 août, quand la Chambre, la Douma belge,

apprit que les Allemands étaient entrés chez nous, le ministre de la Guerre monta à la tribune et termina son discours par ces mots :

« Nous pouvons être vaincus, mais nous ne serons jamais soumis. »

Et cette parole a été tenue.

Les Belges ont la tête dure.

Pendant quatre siècles, ils ont connu bien des maîtres étrangers, mais ils n'ont jamais renoncé à redevenir des hommes libres.

Et, cette fois encore, ils ont pu être vaincus, mais ils ne sont pas soumis, et ils ne le seront jamais!

Les tranchées de l'Yser.

Après Liége, l'armée belge s'est retirée sur Anvers. Après Anvers, elle s'est repliée vers la mer. Elle a reculé pas à pas, devant des forces supérieures, jusqu'au jour où, se cramponnant au sol natal, défendant avec une énergie désespérée le dernier lambeau du territoire belge, elle en a su conserver juste assez pour y planter ses drapeaux.

Et depuis trois ans, elle reste là, sous la mitraille, dans les marécages et les prairies inondées du fleuve Yser, regardant, par-dessus les tranchées, les clochers et les tours de la patrie, et attendant l'heure où, par l'effort commun de tous les alliés, elle pourra marcher de l'avant, refouler l'envahisseur, rentrer dans ses foyers.

La Révolution russe.

Soldat russe, mon frère, nous avons fait un long voyage pour en appeler à ton cœur, pour demander ton appui.

Depuis trois ans que la Belgique est en deuil, pleurant sa liberté perdue, nous avons eu un jour, un seul jour de joie ou d'allégresse : c'est le jour où nous avons appris que tu avais brisé tes chaînes et que sur la grande Russie se levait le clair soleil de la Liberté.

Sauve la Belgique.

Soldat russe, mon frère, dis-toi bien que quand tu fraternises avec les soldats du tsar de Berlin, tu permets à celui-ci de retirer ses troupes et de les envoyer contre les Français, les Anglais, les Italiens et les Belges.

Si tu veux que ta Révolution s'achève, il reste un dernier effort à accomplir. La réaction en Europe avait trois têtes : le tsar de Petrograd, le tsar de Vienne et le tsar de Berlin. Tu as abattu la première. Il s'agit maintenant de faire tomber les deux autres.

Si par impossible tu ne le faisais pas, ta liberté resterait menacée, le Kaiser ramènerait le Tsar et la Belgique serait perdue.

Sauve la Belgique, ami, qu'elle soit libre sous une Europe libre, et tous ensemble alors nous connaîtrons les joies et les douceurs de la paix !

A LA CHAMBRE DES DÉPUTÉS DE ROUMANIE (1)

En me recevant dans cette Assemblée, vous me faites un honneur qui serait immérité si je ne le reportais tout entier sur mon peuple, sur nos soldats, sur ces ouvriers de la Belgique envahie qui a déjà mis trois ans de misère au service de la cause de la liberté.

Il y aura bientôt trois ans aussi que, pour la dernière fois, je me suis trouvé dans une assemblée parlementaire; c'était le 4 août 1914, à la Chambre des Représentants de Belgique. Je revois encore cette salle où j'avais siégé pendant vingt ans, où nous avions livré à nos adversaires de rudes combats, car peut-être jamais peuple ne fut plus divisé que le nôtre. Il l'était par la langue, par les croyances, par les opinions politiques, et cependant, ce 4 août 1914, au moment où les armées allemandes passaient notre frontière, le Parlement belge tout entier se trouvait unanime, et cette unanimité se fit sur une question d'honneur.

---

(1) Discours prononcé à la Chambre des Députés roumaine, le 5/18 juin 1917, et publié par l'*Indépendance roumaine* du 6/19 juin 1917.

Une question d'honneur, car en défendant notre neutralité, nous exécutions un mandat qui nous avait été donné par l'Europe, par toutes les grandes puissances, y compris l'Allemagne; en défendant notre pays, nous n'usions pas seulement d'un droit, d'un droit sacré, le droit de légitime défense, nous remplissions un devoir. Notre neutralité n'était pas seulement un avantage pour nous, c'était une garantie pour tous; une protection pour l'Allemagne contre la France, si, par impossible, la France avait songé à attaquer l'Allemagne; une protection aussi pour la France, la France que nous aimions, car vous et nous avons grandi dans le rayonnement de la civilisation de la France.

La neutralité belge, dis-je, était une protection pour la France, car elle continuait la barrière infranchissable qui va de Verdun à Belfort. L'Empereur allemand croyait qu'il lui serait possible et même facile de passer par chez nous pour exécuter son plan : être dans les trois semaines à Paris, dans les trois mois à Petrograd, et il demanda au Roi et au Gouvernement belge de laisser passer ses armées en leur disant : « A vous de choisir : de l'or ou du plomb! » Nous avons repoussé l'or et avons choisi le plomb.

Le jour où fut envoyée la note allemande, le 2 août, je ne faisais point partie du Gouvernement belge; je parle donc de faits d'autrui et je puis dire que, ce jour-là, un gouvernement, qui était composé exclusivement de mes adversaires, fit son devoir, tout son devoir. Fais ce que dois, advienne que pourra.

Ce qui est advenu, vous le savez, et vous savez aussi, et je n'ai pas besoin de vous le dire, ce que peut être la vengeance allemande quand les espoirs allemands sont déçus. Ils ont appliqué chez vous comme chez nous cette maxime de Bismarck : « Ne rien leur laisser, à ceux que l'on veut soumettre, rien que leurs yeux pour pleurer. »

Tout à l'heure, quand vous m'accueilliez avec tant de sympathie, je ne pouvais pas ne pas songer à l'étymologie de ce mot : « sympathiser » c'est souffrir ensemble, et la profondeur de notre sympathie est faite de toute la grandeur de notre souffrance. Ensemble nous avons subi l'invasion avec ses brutalités, ensemble l'occupation avec ses horreurs, et maintenant que la série de nos maux est terminée, il ne nous reste qu'une chose, mais celle-là on ne nous l'enlèvera pas : c'est l'espérance des réparations prochaines. Ce que nous demandons, nous, est bien simple : nous demandons à être de nouveau un peuple libre ; nous réclamons, nous revendiquons notre indépendance ; mais non pas une indépendance qui serait un leurre et un fantôme, mais une indépendance réelle qui ne sera possible que le jour où il y aura de nouveau une Belgique libre dans une Europe libre.

Et quant à vous, Messieurs, vous demandez la chose la plus élémentaire à laquelle un peuple ait droit : vous demandez à constituer votre unité nationale. Peut-être vous êtes-vous demandé, en ces derniers temps, avec quelque inquiétude, si des promesses qui vous ont été faites et des assurances qui vous ont été données seraient respectées ; or à cela je réponds : rien n'est changé à vos relations avec les Allemands, et d'autre part deux faits nouveaux se sont produits, d'une portée incalculable : l'entrée en guerre, dans la guerre pour la liberté, de deux alliés nouveaux — car la Russie est une Russie nouvelle — et à côté d'elle nous voyons la plus grande république du monde, la République des États-Unis.

Le jour où la Révolution russe a dit : Nous voulons la paix, non pas une paix séparée, mais une paix fondée sur des principes : paix sans annexions et sans contributions, elle a ajouté : avec le droit pour les peuples de disposer d'eux-mêmes. Par cela elle a donné à votre unité nationale une créance qui ne saurait être protestée.

Et d'autre part, il y a quelques jours, dans une note qui viendra s'ajouter à toutes celles où il a déjà revendiqué les droits des nations, le président Wilson a prononcé une parole grave, grave surtout quand elle est dite au nom d'un peuple de 100 millions d'hommes ; il a dit : le rétablissement du *statu quo* en Europe est moralement impossible. Il ne peut pas être question de refaire la carte de 1914 ; il faut consacrer le droit des peuples, et ce sera l'œuvre de la Société des nations qui, au milieu de nos misères, de nos souffrances, est en voie de se réaliser. Pour qu'elle s'achève, pour qu'elle se constitue, pour que les peuples se sentent définitivement rapprochés, il ne faut qu'une chose : renverser un dernier obstacle, et cet obstacle c'est le césarisme germanique qui aspire à l'hégémonie militaire en Europe.

Plus tard nous souffrirons, longtemps encore nous endurerons, nous lutterons, mais il n'est personne de vous, n'est-ce pas? qui doute un instant de l'issue finale. Ce n'est pas la première fois que le césarisme veut dominer l'Europe et le monde. Et comment n'est-il pas possible de rapprocher deux époques et deux coalitions : les coalitions européennes contre Napoléon Ier, il y a un siècle, et contre Guillaume II, aujourd'hui? Analogie d'une part, mais aussi que de différences! Napoléon était entré en vainqueur, dans un éblouissement de gloire, dans toutes les grandes capitales de l'Europe; Guillaume II s'est glissé seulement dans les capitales des petits pays qu'il avait traîtreusement envahis.

L'armée de Napoléon avait dans ses bagages le Code civil, l'armée de Guillaume II a dans ses bagages le manuel de guerre prussien, avec toutes les horreurs qu'il ordonne et qui ont été pratiquées en Roumanie comme en Belgique.

Et cependant, malgré sa gloire, malgré son génie, malgré le rôle historique qu'il joua, Napoléon a été vaincu par le monde parce qu'il menaçait la liberté du monde. On a vaincu Napoléon;

comment ne vaincrait-on pas Guillaume II ? On a battu César, que fera-t-on de Césarion ? Et après sa défaite, quand l'Europe et le monde respireront enfin, nous voyons s'ouvrir bien d'autres perspectives qu'en 1815, où la Sainte Alliance des rois se constituait pour étouffer les libertés des peuples : laissez-moi aujourd'hui, Messieurs, saluer la Sainte Alliance de demain, la Sainte Alliance des peuples qui déclarera la paix au monde et donnera à tous le droit et la liberté.

LES SOCIALISTES RUSSES
ET
LA CONFÉRENCE INTERNATIONALE [1]

Dans quelques jours, il y aura à Petrograd des délégations socialistes de tous les pays alliés : Albert Thomas et Henderson sont ici ; on attend les Français et les Anglais. L'Italie a envoyé des socialistes réformistes ou indépendants : Lerda, Ramiondo, Labriola. De Brouckère et moi représentons le parti ouvrier belge. Officiellement ou *privatim*, nous causons avec les leaders révolutionnaires russes et, dès à présent, il paraît certain que la conférence internationale que convoque le Comité des ouvriers et des soldats n'aura pas lieu avant que les socialistes et les syndicalistes des pays alliés aient, tous ensemble, un échange de vues au sujet de cette convocation.

Albert Thomas et les délégués belges, comme suite aux pourparlers qu'ils ont eus avec le Soviet, ont, après avoir constaté leur parfait accord avec Henderson, écrit à ce comité une lettre ouverte qui définit leur point de vue. Dans cette lettre, ils

---

(1) Article paru dans le *Daily Chronicle* du 16 juillet 1917.

déclarent qu' « il leur est absolument impossible d'adhérer à une conférence plénière avant d'avoir élaboré de commun accord un ensemble de conditions assez précis pour éloigner toute équivoque, pour décourager toute manœuvre diplomatique de nos adversaires et pour écarter les fractions nominalement socialistes qui ne seraient pas décidées à coopérer à l'œuvre anti-impérialiste entreprise par le Comité des ouvriers et soldats ».

Se rencontrer avec les socialistes majoritaires allemands, aussi longtemps qu'ils pratiqueront leur politique actuelle, serait faire œuvre à la fois inutile et dangereuse : *inutile,* parce que l'association de volontés contraires ne peut aboutir à l'action; *dangereuse,* parce qu'elle entretiendrait l'équivoque et donnerait aux masses ouvrières et paysannes l'illusion qu'une paix juste et durable serait possible avant que l'impérialisme d'agression soit détruit.

Aussi, à notre sentiment, il sera impossible d'envisager sérieusement la possibilité d'une conférence plénière tant que, « par une déclaration publique, faite sans réticence et sans réserves, dans leur propre pays, sous la responsabilité de leur prolétariat, les socialistes de toutes les nations intéressées n'auront pas renoncé à toute association avec un impérialisme d'agression ».

Cette déclaration, nous l'avons maintes fois faite. Le jour où les socialistes allemands la feront à leur tour, dans des conditions de sincérité certaine, proclamant ainsi leur rupture avec le Kaiser, alors, mais alors seulement, nous pourrons entrevoir la possibilité d'une action commune et, auparavant, d'une reddition de comptes nécessaire.

Il est un autre point sur lequel la convocation lancée par le Comité des ouvriers et soldats appelait de notre part les plus expresses réserves. On y peut lire que le but essentiel de la conférence projetée doit être de « réaliser un accord entre les représentants du prolétariat socialiste en ce qui concerne la liquidation de la politique », union nationale « avec les gouvernements et les classes impérialistes ».

Peut-être cette phrase eût-elle paru ne viser que Scheidemann et les socialistes majoritaires allemands, si, pendant notre séjour à Petrograd, nous n'avions entendu maintes fois certains socialistes, et non des moindres, déclarer que, entre l'impérialisme de MM. Ribot ou Lloyd George et celui de Guillaume II, ils ne voyaient qu'une différence de mesure.

Aussi crûmes-nous indispensable de relever ce passage de leur appel et d'y répondre en ces termes : « Nous sommes pleinement d'accord avec le Comité des ouvriers et soldats pour affirmer la nécessité d'une rupture entre le socialisme et les gouvernements ou les classes dont les buts de guerre sont entachés d'impérialisme, mais nous n'avons cessé et ne cesserons pas de considérer que l'union nationale contre l'impérialisme d'agression est un devoir qui s'impose à toutes les classes et auquel le prolétariat socialiste ne pourrait se soustraire sans abdiquer et sans compromettre les intérêts vitaux de la démocratie et du socialisme lui-même. »

Voilà où en sont les choses. Nous avons de sérieux motifs d'espérer que du côté de nos camarades russes, nous trouverons des dispositions conciliantes. D'autre part, il est d'ores et déjà décidé qu'une conférence des socialistes des pays alliés se tiendra à Londres dans le courant de juillet. Nos camarades de Russie y sont naturellement conviés. S'ils y participent, nous pourrons discuter ensemble la question de la conférence plénière. S'ils préfèrent y venir seulement dans un but d'information, nous pourrons faire à leur convocation une réponse collective. Dans l'une comme dans l'autre de ces hypothèses, on peut être assuré que les démocraties occidentales tiendront à marquer, avec une égale force, leur accord avec la Révolution russe pour défendre contre toute atteinte, d'où qu'elle puisse venir, le « droit des peuples à disposer d'eux-mêmes » et leur volonté inflexible de lutter sans défaillance pour la défense nationale et la libération des nationalités opprimées.

PRÉFACE
AU LIVRE DE LA PRINCESSE MURAT
« L'AUBE SANGLANTE » (1)

J'ai rencontré la princesse Lucien Murat, pour la première fois, au début de 1917 : elle rentrait de Russie. Je l'ai revue six mois après : j'en revenais moi-même. L'un et l'autre, après ce voyage, nous avons écrit un livre. Ils paraîtront sans doute en même temps. Notre itinéraire a été le même : les fjords de Norvège, Stockholm la grise, Petrograd avec ses palais rouges comme le drapeau de la Révolution, Kieff, le front de Galicie et de Bukovine. Nous avons vu les mêmes choses et parfois les mêmes gens : tel ce général Broussiloff, qui devait connaître en quelques semaines toutes les ivresses de la victoire et toutes les disgrâces de la défaite.

Mais entre nos deux voyages, chronologiquement si rapprochés, il y a un hiatus formidable : cette Révolution russe, que tout le monde attendait, que tout le monde tenait pour inévitable, mais que

(1) Préface écrite pour le livre de la princesse Murat, *Raspoutine ou l'Aube sanglante* (novembre 1917).

personne, ou presque personne, n'attendait si proche et surtout si brusque, si rapide et si radicale.

Peut-être à Paris ou à Londres, quand on flairait la trahison, quand on devinait à quelles fins désastreuses pour la liberté du monde tendaient les intrigues des conseillers du Tsar, avait-on souhaité que la Douma devînt un véritable parlement, que le tsarisme fît sa part à la volonté populaire. Mais qui se fût attendu à voir s'écrouler en trois jours la Douma et le Tsar, le parlementarisme constitutionnel et la monarchie absolue, ne laissant debout, sur les ruines de tout ce qui avait été, qu'un gouvernement provisoire, prisonnier lui-même des soldats de la garnison de Petrograd, des ouvriers du faubourg de Wyborg?

A la Révolution française, pour en finir avec Louis XVI, il avait fallu trois ans. A la Révolution russe, pour abattre Nicolas II, il ne fallut que trois jours. Et ce que furent ces trois jours, rien jusqu'ici ne nous en a donné une idée plus saisissante que le dernier chapitre de ce livre :

« Les soldats mettaient les crosses en l'air; les officiers, affolés, rendaient les armes au coin des rues; les prisons, vidées de détenus politiques et même d'assassins, se remplissaient de serviteurs du régime écroulé. Deux officiers allemands, délivrés par la foule, se réfugiaient à la légation de Suède. Le nombre des mutins grossit. Le Palais de Justice, sur la Liteiny, brûle comme dans les livres d'images. Les régiments, musique en tête, sur des airs de ballet, le drapeau rouge au vent, se rendent au Palais de Tauride pour être harangués et félicités. Près du canal de la Moïka, les cadavres s'amoncellent au milieu des flaques de sang coagulé sur la neige. Tac, tac, tac..., ce sont les mitrailleuses que la police a juchées sur les toits et qui menacent le ciel ; on sent la poudre ; les passants apeurés s'écartent, la rue offre un spectacle sinistre ; personne ne voudrait manquer un acte de la tragédie. On dirait une maison de fous, mais les fous sont ivres de liberté. »

J'ai vu Petrograd six semaines après l'événement : l'ivresse première se dissipait ; le « mal aux cheveux » de la Révolution commençait. Tout était calme, mais de ce calme trompeur qui s'établit entre les deux phases d'un cyclone. De tout ce que la princesse Murat avait vu, trois mois auparavant, rien ou presque rien n'était resté en place.

Le grand palais jaune où Raspoutine fut tué était désert. Le drapeau rouge de la Révolution flottait sur le Palais d'Hiver, comme à la Banque de Sibérie, au Crédit Lyonnais ou à la forteresse de Pierre et Paul. Les grands-ducs étaient bannis ; les exilés étaient au pouvoir. Sturmer et Protopopoff étaient en prison ; Tseretelli venait d'en sortir. Le Tsar, à Tsarkoie-Selo, s'informait d'Albert Thomas ; Albert Thomas, chez Kerensky, demandait des nouvelles du Tsar. Le Soviet siégeait au palais de Tauride. La Douma, expulsée, était en quête d'un local. L'autocratie n'était plus. La République n'était pas encore.

Seules, dans ce formidable renversement de la table des valeurs politiques ou sociales, d'humbles existences se continuaient, comme si rien ne s'était passé.

L'auto de l'Impératrice mère, qui avait été mise à notre disposition, était encore conduite par son chauffeur habituel. Quand nous allâmes à la Stavka, notre wagon-salon était le même qui emmena les délégués de la Douma auprès du Tsar, pour réclamer son abdication : le steward n'avait pas changé. Et lorsque, entre deux entrevues dans le Soviet, je courus à l'Ermitage pour revoir les Rembrandt, c'est un huissier de l'ancien régime qui, m'arrêtant au passage, m'obligea à constater que, dans ce pays devenu le plus libre du monde, une seule chose restait interdite : garder son chapeau sur la tête en visitant les salons de Catherine II et de Nicolas Ier!

Mais ces « témoins » d'une période disparue ne faisaient que rendre plus saisissante l'énormité du contraste entre la Russie d'hier et la Russie d'aujourd'hui. J'ai vu celle-ci, au moment où elle venait de surgir. La princesse Murat a vu celle-là, au moment précis où le tsarisme allait s'effondrer, et c'est ce qui donne à son livre, si artiste, d'une observation si fine, si ingénieuse, si pénétrante, la pleine valeur d'un document historique.

Rien n'est exact et intelligent comme ses pages

sur la Douma, par exemple, sur ces députés russes, plus ardents qu'expérimentés, toujours prêts à s'échapper des réalités présentes pour atteindre le domaine des possibilités et du rêve. De même les portraits de l'Impératrice mère et de l'exquise grande-duchesse Maria Pavlovna sont d'un peintre autant que d'un écrivain. Et avec quelle curiosité, d'autant plus aiguë qu'elle n'est qu'à demi satisfaite, on lira les chapitres qui ont donné un titre à ce livre : « Raspoutine », « Ses Pensées», « L'Aube sanglante ». Ils aident tout au moins à deviner ce que fut cet extraordinaire personnage, qu'aucune femme ne vit sans subir, si peu que ce soit, son prestige, et dont le mysticisme sensuel fit revivre, en plein vingtième siècle, le dualisme des Cathares et des Albigeois.

Mais toutes ces choses déjà sont d'un passé à la fois terriblement proche et terriblement lointain.

En moins de six mois, tous ceux, ou presque, dont la princesse nous parle dans son livre, sont morts, comme Raspoutine ou Sturmer, sont rentrés dans le néant de la vie privée, comme ces grands-ducs ou ces personnages de cour qu'elle eut l'occasion d'approcher, ou ont eu le temps, comme Milioukhoff, et d'autres peut-être demain, de monter tous les échelons du pouvoir et d'en être renversés.

Le dernier soir que j'ai passé à Petrograd, nous étions chez Teretchenko, le jeune ministre des Affaires étrangères, que le sort destinait à porter le fardeau du pouvoir aux heures les plus tragiques de la Révolution. Le prince Lvoff, alors président du Conseil, était là, et aussi Kerensky, Tseretelli, d'autres encore, sortis de prison ou revenus de Sibérie pour entrer au Gouvernement provisoire.

Devant nous, se détachant en noir sur le ciel rose et or du couchant, se dressait, de l'autre côté du fleuve, la Bastille russe, la forteresse de Pierre et Paul.

Comme au temps du Tsar, elle regorgeait de prisonniers, mais ce n'étaient plus les mêmes. Sturmer, Protopopoff, Soukhomlinoff étaient là, attendant l'heure de mourir ou d'être jugés. Pour occuper leur nouveau domicile, ils n'avaient eu qu'à passer les ponts, rencontrant peut-être dans ce prodigieux chassé-croisé ceux dont ils allaient prendre la place et qui allaient occuper la leur !

Jamais Petrograd n'avait paru plus tranquille que par ces « nuits blanches » adorables, où le soleil ne se couche que pour donner, vers minuit, l'impression successive du crépuscule et de l'aurore. Nous causions, au balcon du ministère des Affaires étrangères. On nous disait que, dans le Gouvernement provisoire, l'union était intime et solide entre les « cadets » et les socialistes, entre Lvoff et Kerensky. On escomptait le renouveau du sentiment national. On avait la ferme espérance, que, pour défendre la liberté, le peuple russe saurait accomplir des prodiges.

De ces espoirs, que reste-t-il, à l'heure actuelle ?

Lvoff est tombé. Kerensky doit faire front, à la

fois, contre l'anarchie, contre l'invasion étrangère, contre la dictature militaire, Petrograd est doublement menacé. La situation de la Russie, en septembre 1917, fait songer à celle de la France pendant ce sinistre mois de septembre 1792, avec les frontières envahies, Lyon insurgé, Toulon aux Anglais, la Vendée en révolte et Paris ensanglanté par d'inexprimables massacres.

Mais cette analogie même est faite pour que, malgré tout, nous ne désespérions pas.

Par le fer et par le feu, la Convention sauva la Révolution et la France. Puisse, dans une épreuve semblable, la Révolution russe trouver, elle aussi, la force de se défendre à la fois contre ceux qui menacent sa liberté et contre ceux qui veulent porter atteinte à son intégrité nationale. Elle est perdue, si la réaction triomphe. Elle est perdue si le Kaiser l'emporte. Elle ne peut vivre que par une double victoire. Mais cette victoire, malgré tout, n'est pas impossible, car, au milieu des dangers qui l'assaillent, la Russie n'est pas, ne peut pas être isolée. La liberté russe, en effet, est d'un intérêt vital pour tous les peuples libres de l'Europe et du monde. Avec leur aide, elle saura triompher.

VI

POURQUOI NOUS LUTTONS

LA JOURNÉE DU 4 AOUT [1]

Deux jours auparavant, le peuple belge avait fait son choix entre le péril et la honte. Il l'avait fait à bon escient et de ferme volonté. Le Gouvernement savait que nous aurions affaire aux meilleures troupes de l'Allemagne, que, dès les premières heures de la déclaration de guerre, des masses énormes envahiraient notre territoire, que les Français étaient loin, qu'il y avait un trou entre leurs armées et la nôtre, que quinze jours au moins s'écouleraient avant que des secours arrivent...

Mais le devoir était là. Personne n'avait hésité. Et maintenant, l'heure avait sonné de la gloire et du martyre.

L'invasion avait commencé dès le matin. Les Chambres s'étaient assemblées pour la dernière fois. La bataille allait s'engager devant Liége. Réunis, sous la présidence du Roi, au Palais de Bruxelles, les ministres en Conseil venaient de faire appel aux puissances garantes de la neutralité belge.

L'une d'elles, par un manquement inouï à la foi internationale, nous avait attaqués. D'autres, né-

---

(1) Article paru dans le *Peuple belge* du 4 août 1917.

cessairement, — la France, la Russie — associeraient leur défense à la nôtre. Mais que ferait l'Angleterre?

Point d'interrogation formidable ! Plus encore, peut-être, que nous ne le pensions à ce moment, de la réponse qui y serait faite allait dépendre notre sort.

Si l'Angleterre n'avait pas bougé, c'en était fait de nous, et, à l'heure actuelle, sans doute, la Belgique serait une autre Pologne.

Mais si l'Angleterre se levait, au contraire, nous savions, nous voyions aussi clairement que M. de Bethmann-Hollweg lui-même, que le sort de la guerre était réglé.

Ce serait long, peut-être, plus long que personne ne le croyait alors; il faudrait, avant la fin, souffrir et endurer jusqu'à l'extrême limite des forces humaines, mais l'entrée de l'Angleterre, c'était le gage du succès final. Elle était mal préparée. Elle serait lente à venir. Elle devrait, pendant de longs mois, se résigner à n'être que la gardienne de la mer et l'appoint des autres alliés, mais le jour viendrait où sa puissance virtuelle se déploierait tout entière et, ce jour-là, le Kaiser serait perdu.

Or, ce 4 août 1914, dans l'après-midi, la réponse nous vint : l'Angleterre nous donnait sa garantie ; l'Angleterre se déclarait contre l'Allemagne; la guerre, la grande guerre, la plus grande des guerres était commencée, non plus entre des gouvernements, non plus même entre des peuples, mais entre deux idées, entre deux principes, entre deux mondes : le monde de la liberté et le monde de la servitude.

Peut-être, camarades, quand vous songiez à ces choses, n'avez-vous pas toujours et tout de suite vu clairement que la question se posait ainsi.

Vous vous battiez pour la Belgique. Vous aviez à cœur de défendre et de reprendre le sol natal. Mais était-il vrai de dire que les Alliés se battaient pour la liberté, pour la démocratie, pour le droit des nations, quand il y avait, dans les deux camps, et des autocrates et des nations asservies?

Aujourd'hui, au contraire, il n'y a plus de doute possible.

La Belgique a eu l'impérissable honneur d'être la première à combattre le césarisme germanique, et, maintenant, c'est le monde entier qui se bat avec elle, et pour elle!

Aux premiers jours, nous étions seuls. Maintenant, sur les terres de la Flandre et de la France héroïques, des hommes sont venus des quatre coins du globe pour abattre le militarisme allemand, et, avant quelques jours peut-être, les Français, les Belges et les Anglais vont se trouver unis, dans un effort prodigieux, pour enfoncer la muraille de fer qui se dresse devant eux. Je sais que nos hommes sont prêts. Je sais qu'il y a moins de cafard au front que partout ailleurs. Je sais qu'il n'y a pas de soldats plus fermes, plus patients, plus courageux que le soldat belge. Et si j'écris ces lignes, ce n'est pas pour les encourager, mais pour leur souhaiter bonne chance et aussi pour leur dire ma confiance inébranlable dans le succès final.

Ah ! certes, ce sera dur et ce serait s'amoindrir soi-même que de rabaisser la force et le courage de l'ennemi.

Mais il n'a pas su vaincre la France. Il n'est point parvenu à tromper, à leurrer, à détacher de nous la Révolution russe. Il n'a pas empêché les Italiens, les Roumains, les Grecs, de se tourner contre lui. Il n'a point su faire que la petite armée, la méprisable petite armée anglaise ne devienne cette puissance colossale, dont les milliers de canons crachent le feu de Nieuport à Saint-Quentin, et, lorsqu'il fléchit déjà, lorsqu'il ne parvient plus à tenir contre l'effort concerté des peuples de l'Entente, il sait qu'avant quatre mois, les États-Unis d'Amérique — cette république de cent millions d'hommes — lui porteront, s'il n'est pas vaincu auparavant, le coup de grâce.

Voilà pourquoi, mes amis, j'ai confiance.

En luttant pour nous-mêmes, nous luttons pour la démocratie et la liberté du monde. La démocratie et la liberté vaincront.

LA POLITIQUE SOCIALISTE DE GUERRE (1)

D'un bout à l'autre de l'Europe, les aspirations à la paix deviennent incompressibles ; elles vont, chez certains, jusqu'à préférer tout, fût-ce la défaite, à la continuation des misères et des massacres de la guerre générale.

En second lieu, le nombre de ceux qui, de l'un ou l'autre côté des tranchées, croient à une décision sur les champs de bataille, tend à diminuer sans que je me propose d'examiner ou de discuter, en ce moment, s'ils ont tort ou s'ils ont raison ; le fait est là, et il est impossible de n'en pas tenir compte.

Dans ces conditions, il est inévitable que les classes ouvrières de tous les pays en viennent à compter moins sur les gouvernements que sur elles-mêmes, pour résoudre les problèmes formidables posés par la guerre. D'où les programmes de « paix démocratique ». D'où les efforts qui iront grandissant pour reprendre les relations internationales du

---

(1) Discours prononcé à la première séance du Conseil national du parti socialiste français, le 17 février 1918.

prolétariat, une paix sans conquête, consacrant le droit des peuples à disposer d'eux-mêmes.

Ces tendances — générales, je le répète — ne pourraient que nous réjouir, si elles ne présentaient pas un danger, un danger immense : c'est que, n'agissant avec une vigueur et une efficacité réelles que dans les démocraties de l'Entente, elles ne favorisent par cela même les visées impérialistes des monarchies centrales.

Ce sont elles qui ont achevé l'effondrement militaire de la Russie, ruinée par le tsarisme ; qui ont facilité — en même temps que la propagande défaitiste des ultramontains — les défaites italiennes et qui menacent aujourd'hui de détendre le ressort de la guerre dans les pays de l'Entente.

Par contre, en Allemagne, les courageux efforts des socialistes indépendants se heurtent à une répression impitoyable, et, si les tendances vers une paix démocratique sont plus vigoureuses chez les socialistes d'Autriche-Hongrie, elles ne sont point parvenues jusqu'ici à briser l'armature, solide malgré tout, du régime des Habsbourg.

Cela étant, la seule politique socialiste qui ne menace point de devenir désastreuse, non seulement pour la démocratie dans les pays de l'Entente, mais même pour les embryons du régime démocratique qui existent dans les Empires centraux, peut, à mon sentiment, se définir comme suit :

Il est impérieusement nécessaire, tout d'abord, que les grandes organisations ouvrières et socialistes des pays alliés se mettent d'accord sur ce qui constitue, à la fois, leurs buts de guerre et les conditions d'une paix démocratique. Le Labour Party de Grande-Bretagne y est arrivé. La Conférence qui se prépare à Londres doit s'assigner pour tâche essentielle de généraliser cet accord, en prenant pour base le mémorandum anglais.

Si, comme j'en ai le ferme espoir, cet accord se réalise, avec l'adhésion, sinon indispensable, du moins essentielle, désirable, de l'American Federation of Labour, le moment viendra de se tourner vers les démocraties socialistes de l'Europe Centrale, de les mettre en demeure de définir, elles aussi, les conditions d'une paix démocratique et de déclarer à leur tour si elles sont résolues à être, non pas en paroles, mais en actes, pour la paix démocratique contre le Kaiser, et non pour le Kaiser contre la paix démocratique.

De leur réponse dépendra l'avenir prochain de l'Internationale.

S'il apparaît qu'elles se refusent à prendre nettement position, à rompre sans réserve avec l'impérialisme, une conférence générale ne pourrait aboutir qu'à des récriminations vaines, des échanges de vue stériles et qui pousseraient à une lamentable et démoralisante confusion.

Que si, au contraire, les velléités d'opposition qui se manifestent en Allemagne, et surtout en Autriche-Hongrie, prennent corps, s'il apparaît qu'une action commune peut devenir possible entre les éléments prolétariens de tous les pays pour aider à la réalisation d'une paix démocratique, je doute qu'alors les Gouvernements alliés ou puissent encore ou veuillent encore empêcher la réunion d'une conférence générale.

Mais en discutant ces problèmes, et si vitale que soit leur importance, sachons ne pas oublier que, dans quelques jours peut-être, toutes les forces de l'Allemagne se rueront contre nous et que, si une catastrophe militaire devait se produire, c'en serait fait pour un demi-siècle de la liberté en Europe.

Je vous le demande, au nom de cette classe ouvrière en Belgique qui donne, après trois ans de guerre, tant de preuves d'inflexible énergie.

Je vous le demande, au nom de l'Internationale même, qui ne pourra vivre et grandir que par la victoire de la démocratie et de la liberté.

LA CONFÉRENCE SOCIALISTE INTERALLIÉE DE LONDRES (1)

En m'appelant à l'honneur de présider cette séance, vous avez voulu rendre hommage au prolétariat belge, à la Belgique, symbole de la lutte pour le droit et pour la résistance à l'oppression. Peut-être aussi vous êtes-vous souvenus qu'il fut un temps où je présidais le Bureau socialiste international? Je m'en souviens, en tout cas, et c'est avec la ferme espérance de le voir un jour se réunir à nouveau dans notre Maison du Peuple de Bruxelles, que je vous apporte le salut et l'adhésion — arrivés hier après midi — du Parti ouvrier de la Belgique occupée.

Nous nous réunissons à une heure indiciblement grave. Le jour même où s'ouvrait cette conférence, les journaux annonçaient que toutes les forces de l'Allemagne impériale allaient se jeter sur nous et que la Révolution russe, accablée sous le poids de ses misères et aussi de ses fautes, se résignait à signer la paix avec les Habsbourg et les Hohenzollern.

---

(1) Discours prononcé à la troisième séance de la Conférence socialiste interalliée, le 24 février 1918.

Je ne serai pas de ceux qui, dans son infortune, la maudissent et la renient. Je me reprocherais comme un crime d'oublier qu'elle a rendu à l'Europe deux services insignes : elle nous a délivrés du tsarisme : elle aura eu la gloire de formuler, dans l'éclat de son premier triomphe, les principes qui, repris par le président Wilson, serviront de fondement à la paix de demain.

Mais il faudrait désespérer de la sagesse humaine, si nous étions incapables de tirer des événements de Russie la leçon qu'ils comportent; si nous nous refusions à voir cette vérité d'évidence que la démocratie commettrait une faute inexpiable en jetant bas les armes avant que l'impérialisme soit abattu.

Nous sommes, en effet, devant ce dilemme inexorable : ou bien de le réduire à l'impuissance, ou bien lui être livrés nous-mêmes.

Ce qui rend cette conférence possible, ce qui empêchera nos résolutions d'être demain des chiffons de papier, ne valant pas plus que les traités de M. de Bethmann-Hollweg ou les billets de banque d'État russe, c'est que de Nieuport à Verdun et de Verdun à Venise, il y a une immense barricade défendue par des millions d'hommes. Que demain cette muraille s'effondre, nous aurions travaillé pour le roi de Prusse. Que demain, au contraire, les forces des monarchies centrales viennent se briser contre elles, et alors, mais alors seulement, l'Internationale sera sauvée, les voies de la paix démocratique seront ouvertes, l'heure des peuples aura sonné.

Nous avons à notre ordre du jour deux questions : l'élaboration d'un programme commun ; le principe d'une conférence internationale.

Sur le premier point, l'accord est virtuellement fait. Il ne manque qu'une partie au contrat : l'American Federation of Labour. Son adhésion est indispensable. Nous ferons ce qui dépendra de nous pour l'obtenir. Puisque les États-Unis ne sont pas venus à nous, nous irons aux États-Unis.

Quant au second point, je suis de ceux qui se sont opposés jusqu'ici à la réunion d'une conférence générale qui eût mis en présence de la majorité allemande, liée à ses gouvernants, les socialistes des pays alliés, divisés entre eux-mêmes, sans programme commun, sans politique commune. Je ne m'y suis pas opposé seulement par conviction personnelle. Je l'ai fait en exécution d'un mandat formel qui nous était donné par le Parti ouvrier belge.

Ce mandat n'est pas révoqué. Il vient de nous être confirmé, au contraire, par les militants responsables de la Belgique occupée.

Tandis que la minorité nous laisse juges de l'opportunité d'une conférence générale, la majorité déclare :

« Aussi longtemps que les partis socialistes des puissances centrales n'auront pas dit nettement qu'ils sont disposés à amener leurs gouvernants à se soumettre aux conditions d'une paix démocratique, le parti ouvrier pense qu'une réunion internationale est pratiquement impossible et moralement illusoire. »

Cette opinion est et reste la nôtre. Mais la question, la grande question de l'heure présente, est précisément de savoir si les social-démocraties d'Allemagne et d'Autriche-Hongrie ne se décideront pas à lutter comme nous et avec nous pour une paix démocratique.

A cette question, Liebknecht, Dittmann, Rosa Luxembourg, les socialistes indépendants, ont déjà répondu. Il nous reste à la poser aux autres, et de leur réponse dépendra notre attitude, à nous, socialistes belges, quant à l'opportunité d'une conférence générale.

J'ai dit, maintes fois, nos griefs contre les socialistes majoritaires d'Allemagne. Mais aussi, dès les premiers jours de la guerre, j'ai reconnu que, placés entre le tsarisme et les démocraties occidentales, leur situation avait été difficile. Aujourd'hui, cependant, tout est changé. Il n'y a plus autour d'eux que des démocraties. Il n'y a plus que des peuples, dégagés de tout impérialisme, qui luttent pour leur liberté et leur droit. Il n'y a plus, pour eux, qu'à choisir entre une paix démocratique qui ne les menace pas et une paix dictée par leurs états-majors qui nous menace tous d'une insupportable servitude. Ils ont devant eux une occasion unique de confesser leur foi, de racheter leurs défaillances passées, d'assurer, avec la liberté d'autrui, leur propre libération.

Pour la paix du monde et pour le salut de l'Internationale, je souhaite de toute la force de mon âme que cette occasion, ils ne la laissent pas échapper.

NOS BUTS DE GUERRE (1)

Grâce malgré tout, à la Révolution russe, grâce à l'effort des socialistes français, mais grâce surtout à ce fait essentiel qu'aux États-Unis et en Grande-Bretagne, aucun gouvernement de guerre ne saurait tenir sans l'appui du prolétariat organisé, les peuples de l'Entente viennent enfin d'obtenir une définition claire et précise de leurs buts de guerre.

Le 12 décembre 1917 — c'est une date, une grande date à retenir, — les représentants qualifiés du prolétariat britannique demandèrent qu'à bref délai leur Gouvernement fasse une déclaration publique, officielle et précise, sur les objets en vue desquels les puissances alliées continuent la guerre. Dès le 5 janvier, le premier ministre en personne leur répondait, par ce que le *Times* a justement appelé *the most important State document issued the declaration of war*. Et, trois jours après, comme un retentissant écho venu de l'autre bord de l'Océan, la grande voix du président Wilson proclamait à son tour la *Magna Charta* de la paix du monde.

---

(1) Article paru dans le *Petit Parisien* du 16 janvier 1918.

Dès à présent, il n'est pas douteux que ces déclarations engagent l'Entente tout entière : MM. Clemenceau et Pichon ont donné leur adhésion. Les éléments sains de la Révolution russe retrouvent en définitive leur programme. Les petites nations opprimées saluent en elles l'espoir de leur délivrance prochaine et si, dans l'un ou l'autre pays, certains sont encore tentés de faire des réserves, on peut être assuré que ces réserves fondront comme neige au soleil, le jour où les travailleurs de tous les pays alliés parleront avec la même fermeté, la même décision, la même unanimité imposantes que vient de le faire le prolétariat britannique.

On demande de toutes parts que les Gouvernements de l'Entente qui, jadis, ont pu s'accorder pour répondre aux États-Unis, s'accordent à nouveau pour donner aux déclarations de Lloyd George et du président Wilson l'autorité encore accrue d'une déclaration collective.

Nul ne le souhaite plus que nous, mais qui ne voit qu'à pareille demande les Gouvernements pourraient faire de faciles objections, si les ouvriers et les socialistes des pays alliés ne parvenaient pas eux-mêmes à s'entendre sur une affirmation commune de leur propre programme?

Nos camarades anglais l'ont compris, et ils proposent, à cet effet, la réunion prochaine d'une nouvelle conférence socialiste interalliée.

J'y souscris de plein cœur. Seulement, il ne suffit

point que pareille conférence se réunisse. Il faut encore qu'elle réussisse.

Disons-le franchement, la conférence qui s'est tenue à Londres l'automne dernier n'a été rien moins qu'une « fausse couche ». Si nous voulons que, cette fois, il en soit autrement, nous devons faire en sorte que la conférence prochaine représente réellement, sincèrement, complètement, tous les éléments organisés des prolétariats de l'Entente.

Or, je le dis très net, il est à craindre que cela ne soit point, si l'on prétend appliquer, cette fois encore, des modes de *convocation* et de *votation* qui ne répondent plus aux conditions nouvelles créées par la guerre.

Tout d'abord, quelle serait, par exemple, la valeur du vote des États-Unis, si la plus grande organisation ouvrière de la grande République — l'American Federation of Labour — était absente?

En second lieu, quelle serait l'autorité des décisions prises, si l'on ne tenait pas compte de l'importance numérique des organisations représentées, si le vote des quelques milliers de militants socialistes, enclins par leur sélection même à défendre des opinions extrêmes, balançait ou primait le vote de la majorité compacte des gros bataillons, des millions de travailleurs, groupés dans les grandes organisations syndicales?

Si l'on veut, et l'on doit vouloir que les décisions de la future conférence expriment le sentiment moyen, c'est-à-dire le sentiment vrai des masses ouvrières, il faut que les grands blocs du prolétariat organisé aient une représentation en rapport avec leur puissance numérique.

Peut-être objectera-t-on que, dans pareille assemblée, il ne s'agirait point d'émettre des votes de majorité, mais de réaliser un accord, d'aboutir finalement à une unanimité qui, seule, donnerait aux résolutions toute leur force.

Soit, mais l'expérience prouve que dans les conférences où l'on ne vote pas, on vote tout de même, à titre d'indications, et, dès lors, nous tenons pour indispensable qu'avant de convoquer une réunion plénière, les délégations des divers pays se mettent d'accord et sur le mode de convocation et surtout sur le mode de votation.

Je me hâte d'ajouter que, si ces mesures préalables sont prises, si des minorités artificiellement grossies ne viennent pas empêcher l'expression des vœux de la grande majorité, il ne me paraît point douteux que la conférence aboutisse, car sur la définition des buts de guerre, sur les conditions désirables d'une paix démocratique, il ne saurait y avoir de divergences profondes entre nous.

Qu'on relise, par exemple, les résolutions du Congrès de Blackpool, les réponses des socialistes français au questionnaire de Stockholm, notre mémorandum belge au Comité hollando-scandinave : ce sont les mêmes idées ; ce sont presque les mêmes formules, et, du point de vue des principes, elles ne s'écartent même guère de ce que disent, à

Brest-Litovsk, les délégués de Lenine ou de Trotzky.

Mais je ne dirais pas ma pensée tout entière, si je n'ajoutais — ce qui est d'ailleurs l'évidence de tous les jours — que l'on peut adhérer à un programme commun, sans être le moins du monde d'accord sur une action commune.

Un bolchevik et un labouriste anglais pourront dire l'un et l'autre que la Belgique doit être libérée, que la Pologne doit être affranchie ; mais l'un, par sa défection, les livrera aux monarchies centrales ; l'autre, au contraire, se battra jusqu'à la mort pour leur rendre la liberté.

Aussi ai-je la conviction que notre prochaine conférence serait un avortement, si, après avoir élaboré une déclaration commune sur les questions territoriales, elle ne s'accordait pas aussi sur une politique de guerre qui pourrait tenir en somme dans les affirmations suivantes :

1° Que nous ne pouvons accepter la terminaison de la guerre autrement que par la défaite de l'impérialisme agresseur, et qu'il nous faudra l'assurer, soit par la force des armes, soit par l'usage de notre puissance économique, à moins que le peuple allemand ne nous en libère lui-même en s'en libérant ;

2° Qu'en prétendant écraser l'impérialisme allemand, nous n'entendons pas écraser l'Allemagne ; que nous ne nous prêterions pas à son démembrement ; que, tout en exigeant les réparations nécessaires, nous ne voulons point lui imposer de contribution punitive ; que rien dans notre esprit ne s'opposerait au rétablissement des relations économiques avec l'Allemagne *libérée,* dans les mêmes conditions qu'avec toutes les autres nations;

3° Que nous sommes disposés à combattre toute visée d'impérialisme et de conquête chez nous, tout aussi énergiquement que nous dénonçons l'impérialisme de nos ennemis;

4° Que nous voulons que les conditions de la paix garantissent l'humanité contre le retour de la guerre; qu'il faut, dès aujourd'hui, chercher à faire une réalité concrète de la Société des nations, mais que Société des nations suppose des nations capables de contracter entre elles, donc libres de disposer d'elles-mêmes. Il y a place dans la Société des nations pour une Allemagne affranchie, mais cette société ne saurait accueillir le roi de Prusse.

Le jour où l'unité sera parfaite entre nous, et sur les buts de guerre, et sur ces principes d'action, les prolétariats des démocraties occidentales seront vraiment forts, et vis-à-vis des gouvernements de leurs propres pays, et vis-à-vis des partis socialistes de l'autre côté des tranchées.

Aux premiers, ils pourront demander d'inscrire, à leur tour, dans une déclaration collective, les engagements qu'ils ont déjà pris séparément, en faveur d'une paix démocratique et contre toutes velléités d'impérialisme.

Aux autres, ils seront plus que jamais en droit de dire — et cette fois sans contradiction possible

— que l'impérialisme des monarchies centrales est le seul véritable obstacle à la conclusion de la paix. Et alors, peut-être, le moment sera venu de s'adresser solennellement aux démocraties socialistes d'Autriche et d'Allemagne, les adjurant de séparer leur cause de celle de leurs maîtres, leur donnant, au nom des prolétariats alliés, la garantie qu'une Allemagne démocratique pourrait compter sur la justice de tous.

Que cet appel se fasse, et de la réponse allemande dépendra, dans une large mesure, l'avenir de l'Internationale.

LETTRE A M. HENDERSON

Le Havre, 14 août 1918.

Cher Henderson,

Au moment où est arrivé votre télégramme, annonçant qu'à la demande de l'American Federation of Labour, nos camarades anglais invitaient les organisations ouvrières et socialistes à une nouvelle conférence interalliée, notre intention était précisément de vous écrire dans le même but.

Nous avons naturellement soumis à un examen attentif et consciencieux les réponses faites par les partis socialistes de l'Europe Centrale au mémorandum de la Conférence de Londres, du 20 février 1918.

D'accord avec Camille Huysmans et vous, nous pensons que les réponses, d'un accent si ferme, faites par les socialistes bulgares et hongrois offrent une base de discussion acceptable pour tous : de même, nous attachons la plus grande importance aux déclarations de la social-démocratie d'Autriche ; nous sympathisons enfin profondément avec l'effort, d'autant plus courageux qu'il est plus ingrat et difficile, des socialistes indépendants d'Allemagne. Avec de tels éléments, nous n'avons aucune objection, bien au contraire, à nous rencontrer dans une conférence internationale. C'est de tout autre côté, sans doute, que viendraient les obstacles à notre réunion.

Par contre, il nous est malheureusement impossible d'admettre que les déclarations, et moins encore les actes, des socialistes majoritaires d'Allemagne répondent aux conditions émises par la Conférence de Londres à la convocation d'un congrès international.

La Conférence de Londres dit en effet :

« De l'avis de la Conférence, une condition essentielle de la tenue d'un congrès international est que les organisateurs s'assurent que toutes les organisations participantes aient formulé, en termes précis et dans une déclaration publique, leurs conditions de paix, basées sur les principes « paix « sans annexions ni indemnités punitives, et droit « des peuples à disposer d'eux-mêmes », et qu'elles travaillent de tout leur pouvoir à obtenir de leurs gouvernements les garanties nécessaires pour que ces principes soient appliqués honnêtement et sans réserve dans le règlement de toutes les questions posées devant une conférence officielle de la paix. »

La Conférence de Londres subordonne par conséquent à une double condition, qu'elle tient pour essentielle, la possibilité d'un congrès international, ou, plus exactement, l'admission à ce congrès d'une organisation ou d'un parti déterminé :

1° Que les organisations participantes aient

formulé, en termes précis et dans une déclaration publique, leurs conditions de paix, basées sur les principes : paix sans annexions ni indemnités punitives, et droit des peuples à disposer d'eux-mêmes ;

2° Qu'elles travaillent de tout leur pouvoir à obtenir de leurs gouvernements les garanties nécessaires pour que ces principes soient appliqués honnêtement et sans réserve dans le règlement de toutes les questions posées devant une conférence officielle de la paix.

Ces deux conditions se trouvent-elles actuellement remplies, en ce qui concerne la social-démocratie majoritaire d'Allemagne?

Pour répondre à cette question, il ne saurait être tenu compte des conversations, d'ordre confidentiel et privé, qui ont eu lieu entre Scheidemann et Troelstra. Troelstra maintient qu'au cours de ces conversations, Scheidemann aurait accepté de prendre comme base de discussion, non pas certes le mémorandum de Londres, mais, du moins, le manifeste des neutres de Stockholm. Scheidemann, au contraire, paraît avoir fait, dès son retour en Allemagne, des déclarations publiques dans un sens très différent. Mais quoi qu'il en soit, la seule réponse officielle qui ait été faite par les socialistes allemands de la majorité au mémorandum de Londres est la lettre adressée le 26 juin par le citoyen Müller au citoyen Huysmans, lettre dont vous avez bien voulu nous communiquer le texte.

Or, dans cette lettre, le Comité exécutif du parti social-démocrate d'Allemagne maintient, purement et simplement, les déclarations qu'il a faites en 1917 à Stockholm et qui sont, notamment en ce qui concerne l'Alsace-Lorraine ou les parties de la Pologne annexées par la Prusse et par l'Autriche, la négation flagrante du droit des peuples à disposer d'eux-mêmes.

D'autre part et surtout, pour apprécier si les conditions émises par la Conférence de Londres à la réunion d'un congrès international se trouvent remplies, il est impossible de ne pas tenir compte des faits, d'une gravité exceptionnelle, qui se sont produits depuis le mois de février dernier.

La Russie a été démembrée, le traité de Brest-Litovsk, sous prétexte de libérer l'Ukraine, l'Esthonie, la Lithuanie, la Pologne, a consacré leur asservissement. L'impérialisme allemand et la réaction finlandaise se sont associés pour l'écrasement du prolétariat socialiste de Finlande. La Roumanie a éprouvé ce qu'est la paix sans annexion ni indemnités, telle que la comprennent le Kaiser et ses vassaux. Les armées impériales ont dirigé la plus formidable menace contre la France libre qui, depuis quatre ans, lutte pour sa défense nationale.

Or, dans cette crise suprême, où se jouait le destin de la démocratie dans le monde, qu'ont fait les socialistes majoritaires d'Allemagne ?

Ils ont voté les crédits de guerre. Ils se sont

abstenus au vote sur le traité de Brest-Litovsk. Ils n'ont eu que des protestations du bout des lèvres contre l'étranglement de la République finlandaise. Bref, le moins qu'on puisse dire, c'est qu'ils pratiquent, vis-à-vis de l'arrogance impérialiste, une politique d'effacement et d'abdication.

Dans ces conditions, les organisateurs d'un congrès international pourraient-ils affirmer, sans être contredits par l'évidence des faits, que les socialistes majoritaires allemands « travaillent de tout leur pouvoir à obtenir de leur gouvernement les garanties nécessaires pour consacrer le droit de libre détermination des peuples » ?

En conscience, nous ne le croyons pas.

Notre opinion, à cet égard, n'a pas changé depuis le mois de février, mais elle s'est renforcée.

La politique que nous avons défendue à Londres, nous continuons à la défendre. Retraçons-en les grandes lignes :

1° Formuler un programme de paix, en s'inspirant non pas des variations de la carte de guerre, mais du droit des peuples à disposer d'eux-mêmes. Ce sont nos « war aims », qui coïncident, d'une manière saisissante, avec le programme du Président Wilson ;

2° Défendre ce programme contre tous les impérialismes d'où qu'ils viennent et le proposer, sauf amendement sur les détails, à toutes les organisations ouvrières ou socialistes, quelle que soit leur origine nationale. C'est ce que nous avons fait en écrivant aux partis socialistes de l'Europe Centrale ;

3° Grouper enfin, pour une action commune, tous ceux qui, en Allemagne ou en Autriche, comme en France, en Angleterre, en Italie, aux États-Unis, sont prêts à lutter avec nous, non pas pour une paix dite de compromis — qui consacrerait en réalité le triomphe des monarchies centrales — mais pour une paix démocratique dictée par le prolétariat international à ses gouvernants.

Que cette action commune se réalise à un moment donné, c'est notre ferme espoir, et cet espoir se fortifie en constatant que, déjà, et de plus en plus, parmi ceux qui luttent pour une paix qui consacre le droit des peuples, il y a des hommes appartenant à toutes les nationalités.

Des Polonais, des Tchéco-Slovaques, des Italiens d'Autriche, combattent contre l'impérialisme germanique pour leur indépendance. A la seule exception — formidable il est vrai — de la majorité allemande, les partis socialistes des pays ennemis se dressent, comme une force d'opposition grandissante, contre les monarchies centrales.

Aux États-Unis, enfin, le peuple entier, sans distinction de nationalités d'origine, a compris que ce qui est réellement en cause dans le conflit actuel, ce ne sont pas des questions de territoire, relativement négligeables, mais l'avenir même de la démocratie dans le monde. L'armée américaine est une armée internationale où il y a des Allemands, des Autrichiens, des Magyars, comme des Irlandais ou des Suédois, des Italiens ou des Russes. L'American Federation of Labour est, à elle seule, une fédération internationale, unanime à vouloir le triomphe intégral des principes que nous avons affirmés à Londres et qui sont les chartes communes de tous les peuples libres ou en travail de libération.

Et maintenant, le jour viendra-t-il où cet accord international finira par s'étendre à la grande masse du prolétariat socialiste d'Allemagne ? Nul ne le souhaite plus que nous. En rappelant les conditions essentielles mises par la Conférence de Londres à la convocation d'un congrès international, nous ne cherchons pas une échappatoire ou un prétexte. Mais, passionnément attachés à la cause de l'Internationale, nous ne voulons pas compromettre son avenir par des tentatives condamnées d'avance à un échec certain. Pour qu'un congrès international se réunisse, la Conférence de Londres a réclamé entre les participants un accord général préalable, dans la pensée et dans l'action. Cet accord existera peut-être demain. Mais nous avons le sentiment profond que ce serait nous leurrer, et leurrer la classe ouvrière, que de prétendre qu'il existe dès aujourd'hui.

Dans ces conditions, cher Henderson, nous comptions vous demander, pour délibérer sur ces graves questions, la réunion d'une nouvelle conférence interalliée. Votre initiative a été au-devant de nos désirs. C'est vous dire que nous comptons nous rendre à Londres, le 16 septembre prochain.

Recevez, cher Henderson, l'expression de nos sentiments fraternels.

Émile VANDERVELDE.
Louis DE BROUCKÈRE.

LA CINQUIEME ANNÉE

L'hiver revient. Le cinquième hiver. Le dernier sans doute. Aux champs de bataille de France, après six mois de mêlées furieuses, les soldats du Kaiser ont perdu ce qu'ils avaient gagné, plus l'espérance. Leur moral est atteint. Leurs réserves fondent. La victoire est en vue. Mais elle n'est pas encore gagnée; et une chose, une seule chose, pourrait encore la compromettre : c'est qu'au moment où cette longue épreuve touche à sa fin, les peuples n'en pouvant plus, sentent le cœur leur manquer et, pour avoir la paix de suite, acceptent de hisser le drapeau blanc devant la ligne d'Hindenburg et de laisser intacte, derrière elle, la néfaste puissance de l'Empereur allemand.

Ce qui est en jeu : l'avenir de la démocratie.

Certes, une paix de transaction ne serait pas une paix à tout prix.

Ce serait faire injure aux admirables soldats français, à leurs alliés de l'Yser, de la Somme et de la Marne, que de supposer qu'ils puissent jamais consentir à la paix sans que, tout au moins, la France retrouve ses limites, la Belgique, son territoire.

Mais la question, la vraie question, est tout autre.

Il ne s'agit pas de savoir si tel ou tel peuple sera, ou restera, maître d'une bande de terrain, il s'agit de décider si tous les peuples deviendront maîtres d'eux-mêmes.

Des millions d'hommes ne sont pas venus de tous les pays de la terre, pour aboutir, en fin de compte, au déplacement de quelques poteaux frontières. S'ils se battent, en désespérés, sur le sol de la France, c'est pour une affaire de bien autre conséquence, pour une affaire qui nous intéresse tous, tant que nous sommes, nous, nos enfants et les enfants de nos enfants !

Ce n'est pas seulement le sort de la France ou de la Belgique qui est en jeu. C'est l'avenir de la démocratie dans le monde.

Or, cet avenir ne peut être assuré que par la défaite complète des derniers empires militaires de l'Europe.

Avec l'Allemagne démocratique, affranchie du pouvoir personnel, une paix de conciliation serait possible, et facile. Avec l'Allemagne militaire, gouvernée, dominée par le Kaiser et la camarilla du Kaiser, une paix de compromis serait la plus dangereuse des trêves, la plus redoutable des duperies.

Il faut que les travailleurs d'Allemagne, qui

souhaitent la paix comme nous, arrivent à le comprendre. Il faut, surtout, que les travailleurs des pays alliés se pénètrent de cette vérité simple, mais essentielle : si la démocratie n'a pas la clairvoyance et la force d'âme de persévérer jusqu'à ce qu'elle soit complètement victorieuse ; si elle permet que, par une paix de lassitude, les Hohenzollern et leurs satellites échappent à leur destin, toutes les épreuves, tous les sacrifices auront été inutiles ; dans dix ans, dans vingt ans, il faudra recommencer.

La réponse des pacifistes.

J'entends bien, au surplus, ce que l'on répond à pareil langage.

Depuis Péronne et Château-Thierry, l'Allemagne officielle a perdu son arrogance. Gorgée de conquêtes à l'est, elle voudrait les garder. Assaillie de périls à l'ouest, elle voudrait les conjurer. Aussi se fait-elle humble et conciliante. Elle proteste de ses désirs de paix. Elle reproche aux autres de prolonger inutilement la lutte.

Écoutez, par exemple, ce que disait, le 31 août dernier, aux étudiants catholiques d'Allemagne, le chancelier de Hertling :

« Nous n'avons d'autre désir que de défendre nos frontières et l'accès de la patrie. Nous continuerons à repousser l'assaut formidable des masses ennemies jusqu'à ce que nos adversaires, voyant qu'ils ne peuvent nous détruire, soient de leur côté prêts à une entente. Ce jour viendra, et parce qu'il viendra, l'Europe ne doit pas se saigner. »

De telles paroles, assurément, ne sauraient tromper personne, parce qu'elles viennent de celui qui a fait le traité de Brest-Litovsk.

Mais d'autres les reprennent, dont la bonne foi ne prête pas aux mêmes soupçons : des neutres, des pacifistes, et aussi — plus nombreux naturellement à mesure que la guerre se prolonge — les Zimmerwaldiens, les Kienthaliens et, avec plus de mesure, nos camarades « minoritaires » d'Angleterre, de France ou d'Italie.

Ce qu'ils disent — en laissant de côté les nuances de pensée et d'expression — peut en somme se résumer ainsi :

« Il y a cinq ans — cinq siècles — que cette guerre dure. Des millions d'hommes sont morts. D'autres millions sont mutilés, sont invalides, ou meurent de faim dans des camps de prisonniers. La misère universelle grandit. Les ressources s'épuisent. Les cadavres s'entassent. Et l'on n'est pas plus avancé qu'aux premiers jours. Les forces en présence sont telles que ni d'un côté ni de l'autre on n'est en mesure de vaincre. Pourquoi, dès lors, continuer cette lutte sans issue? Pourquoi creuser plus encore le fossé sanglant qui sépare le monde en deux camps ennemis? Pourquoi, par-dessus la tête de leurs gouvernements, les travailleurs de tous les pays ne s'entendraient-ils pas, pour faire la seule paix qui soit conforme à leurs intérêts véritables, la paix dont la Révolution russe a donné la formule : sans annexions ni indemnités punitives, avec droit des peuples à disposer d'eux-mêmes ? »

Pourquoi les peuples ne s'entendraient-ils pas ?

Oui, pourquoi les peuples ne s'entendraient-ils pas ?

Mais s'entendront-ils ?

Nul ne le souhaite plus que nous, et j'ose le dire, nul n'a plus fait, n'a autant fait, que les socialistes des grandes démocraties occidentales, avant la guerre et pendant la guerre, pour réaliser cette entente.

Je vois encore Vaillant et Keir Hardie, proposant, à Copenhague et à Londres, la grève générale des prolétaires pour faire échec à la guerre : les socialistes austro-allemands votèrent contre.

J'entends, l'avant-veille du jour où il fut assassiné, Jaurès disculpant la France de toute pensée d'agression et faisant un suprême appel à l'union des peuples contre les gouvernements de proie.

Comment lui répondit-on en Allemagne ?

Par le vote des crédits militaires.

Et depuis, que de fois — et la dernière fois à Londres — n'avons-nous pas jeté, par-dessus les lignes, le cri d'appel des démocraties à tous les travailleurs, sans distinction de nationalité !

Quelques-uns ont répondu. Ils se nomment Liebknecht ou Rosa Luxembourg, Bernstein ou Kautsky. Saluons leur vaillance.

Mais les autres ?

Vit-on jamais classe ouvrière plus respectueuse de ses maîtres, plus disciplinée dans l'obéissance passive que la classe ouvrière allemande ?

On viole la neutralité belge : elle se bat pour le Kaiser. On brûle Louvain, on bombarde Reims, on met à sac Dinant ou Senlis : elle se bat pour le Kaiser. On déporte par milliers les travailleurs de nos régions occupées : elle se bat pour le Kaiser. On décime les socialistes de Finlande, on suscite contre la Révolution russe le particularisme réactionnaire des barons baltes et des propriétaires ukrainiens : elle se bat pour le Kaiser. On fait à la démocratie internationale ce suprême affront de tourner ses principes de paix en dérision par le traité de Brest-Litovsk : elle se bat pour le Kaiser. On organise contre la France républicaine la formidable ruée de toutes les forces de l'Empire : elle se bat pour le Kaiser.

Se ressaisira-t-elle un jour ? Se révoltera-t-elle contre ses mauvais bergers ? De l'excès même des souffrances d'un peuple, aveuglé jusqu'ici, naîtra-t-il une autre Allemagne, une nouvelle Allemagne, une Allemagne démocratique, à laquelle les autres peuples pourront faire place dans la Société des nations ?

Je le souhaite. Je l'espère. Je veux le croire.

Mais, de grâce, ne nous faisons pas d'illusions. Tout fait prévoir qu'une fois de plus, comme à Sedan, comme à Moukden, l'accoucheuse du Droit sera une force extérieure. Livrée à ses propres forces, la démocratie allemande serait impuissante, c'est la victoire des autres démocraties sur le militarisme et l'Empire, qui fera naître ou aidera à naître le régime démocratique en Allemagne.

Mais dira-t-on :

La victoire complète est-elle possible?

Pour répondre à cette question, je ne ferai pas des supputations d'effectifs, je ne montrerai pas, une fois de plus, l'immense supériorité des Alliés en ressources de tous genres; je n'évoquerai même pas le spectacle prodigieux d'un peuple de cent millions d'hommes, envoyant toute sa jeunesse par delà les mers, pour donner le coup de grâce à ce qui reste d'autocratie dans le monde.

Je dirai simplement ceci : *la victoire est possible parce qu'elle est nécessaire, parce qu'elle est indispensable.*

Et pour l'établir, contre les neutres, contre les pacifistes, contre ceux, parmi les socialistes, qui se résigneraient à une paix blanche, — alors qu'ils devraient vouloir une paix rouge — je veux invoquer le témoignage de trois hommes et de trois pays : Albert Ier et la Belgique, le président Wilson et l'Amérique, Kerensky et la Russie ; Albert Ier, le plus neutre des neutres ; Wilson, le plus pacifiste des pacifistes ; Kerensky, ce chef d'État de quelques mois, de quelques jours, qui, l'an dernier, nous appelait à Stockholm, au nom de la Révolution russe en détresse.

Ce qu'en pense le roi Albert.

S'il est un homme au monde qui devrait souhaiter que la guerre finisse, c'est le roi Albert.

Il n'y est entré que par force et par devoir.

Il doit, pour continuer la lutte, faire de son cœur une pierre, de sa volonté une barre d'acier.

La Belgique occupée agonise de faim.

L'armée belge, enlisée depuis quatre ans dans les boues de l'Yser, est coupée de tout contact avec ses foyers, ses parents, ses amis.

Il persiste cependant et son peuple avec lui.

Pourquoi ?

Par fidélité à ses engagements internationaux, certes — car les traités ne sont pas des chiffons de papier pour tout le monde, — mais aussi parce que les Belges savent ce que serait pour eux la paix du Kaiser.

Supposons, en effet, que demain on signe une paix qui laisse intact le pouvoir des Hohenzollern. L'indépendance de la Belgique serait proclamée, c'est entendu. Ses frontières lui seraient rendues. Peut-être même consentirait-on à ce que l'Allemagne n'y laisse pas de garnisons, ne garde pas la main sur ses chemins de fer, ne l'englobe pas dans son Zollverein.

Mais à cinquante kilomètres de Liége, l'ennemi d'hier resterait en armes, fort de son impunité, prêt à recommencer, dès la première occasion favorable, son mauvais coup de 1914.

Dans ces conditions, qui donc en Belgique pourrait dormir tranquille, avec la perspective — à chaque conflit international — d'être éveillé par le pas des uhlans?

En vérité, contre la menace allemande il n'y a qu'une protection possible : c'est que l'Allemagne cesse d'être une menace, par la victoire de la démocratie, à l'intérieur s'il se peut, à l'extérieur s'il le faut.

Pour que la Belgique soit vraiment libre, il faut une Europe libre, et c'est pourquoi sa cause se confond avec celle de tous les autres peuples qui combattent pour la liberté.

Certains neutres seront tentés, peut-être, de lui donner le conseil d'en finir. Ce n'est pas seulement dans son intérêt propre, c'est dans l'intérêt même de ces neutres qu'elle agit en tenant bon.

Ce que dit le président Wilson.

Après les neutres, les pacifistes.

Après le roi Albert et les Belges, le président Wilson et les Américains.

Il y a quelques mois encore, les États-Unis étaient le type de la démocratie pacifique et désarmée : 80.000 soldats pour 100 millions d'hommes.

Leur Président déclarait « être trop fier pour se battre ». Il proposait comme un idéal aux deux groupes de belligérants « une paix sans victoire ». Malgré la Belgique, malgré le *Lusitania,* il se forçait à paraître impassible et multipliait ses efforts pour apporter au monde le bienfait d'une paix de conciliation respectueuse du droit de tous.

Son programme a-t-il changé?

D'aucune manière.

Ce qu'il voulait hier, il le veut encore aujourd'hui.

Mais dans son esprit un changement s'est fait, essentiel : lentement, progressivement, à mesure que se succédaient les crimes du Kaiser, il a acquis cette conviction inébranlable que le seul moyen de réaliser la paix, la juste paix qu'il réclame, c'était d'engager son pays dans la guerre, de mettre au service de la démocratie mondiale les forces incalculables de la plus grande des Républiques.

Il a fallu trois ans pour que mûrisse cette pensée qui devait changer la face du monde.

Mais, le jour où, par un suprême attentat contre la civilisation, les Allemands déclaraient à tous, aux neutres comme aux belligérants, la guerre sous-marine sans merci, ce dernier acte fit déborder la coupe et, le 2 avril 1917, avec la calme gravité des décisions irrévocables, le plus grand, le plus illustre des pacifistes, déclara, en ces termes, la guerre à l'Allemagne :

« C'est une chose terrible que de conduire un grand peuple pacifique à la guerre, à la plus effrayante et la plus désastreuse des guerres, à cette guerre dont la civilisation même semble être l'enjeu. Mais le droit est plus précieux que la paix et nous combattons pour les biens qui ont toujours été les plus chers à nos cœurs : pour la démocratie, pour le droit de ceux qui, courbés sous l'autorité, doivent enfin avoir voix dans la conduite du gouvernement, pour le droit et la liberté des petites nations, pour que le règne universel du droit, fondé sur l'accord des peuples libres, assure la paix et la sécurité à toutes les nations et rende le monde lui-même enfin libre. »

Voilà pourquoi, depuis des mois, avec l'impressionnante régularité d'un mouvement d'horloge, des milliers d'hommes débarquent chaque matin sur le sol de France, pour prendre part à cette croisade de la liberté. Ce n'est pas une armée nationale. C'est une armée internationale. On y trouve, unis dans le même vouloir, des hommes appartenant, par leur origine, à toutes les nationalités européennes : des Allemands, des Magyars, des Tchéco-Slaves, comme des Italiens, des Anglais ou des Irlandais.

Ils n'ont dans cette guerre aucun intérêt national. Ils ne poursuivent aucun but de conquête, ni pour eux ni pour les autres. Ils donnent au monde le spectacle sublime d'une croisade désintéressée.

Comment dès lors ne les écouterait-on pas, quand ils disent que cette guerre ne saurait finir, sans que, de gré ou de force, l'Allemagne, elle aussi, devienne une démocratie, respectueuse du droit de tous.

Comment les travailleurs de tous les pays n'entendraient-ils pas la grande voix du président Wilson, disant aux ouvriers des États-Unis — le Labour Day :

« Ceci est une guerre dont le but est de garantir les nations et les peuples du monde entier contre toute puissance telle que l'autocratie allemande. C'est une guerre d'émancipation, et tant qu'elle ne sera pas gagnée, les hommes ne pourront nulle part vivre sans crainte, respirer librement en accomplissant leur besogne quotidienne et se dire que leurs gouvernements sont leurs serviteurs et non leurs maîtres. »

Bien plus encore que les Américains, les travailleurs d'Europe doivent méditer ces émouvantes et décisives paroles.

C'est à eux surtout, qui n'ont pas un océan pour les protéger contre la barbarie militariste allemande, que cette conclusion s'impose : il faut que la guerre dure encore, pour avoir une juste paix, car c'est surtout une juste paix qui empêchera que la guerre ne recommence.

Souvenez-vous de Brest-Litovsk.

Et maintenant, pour finir, je m'adresse aux socialistes, et je leur dis ces seuls mots : « Souvenez-vous de Brest-Litovsk ! »

Quand nous arrivâmes à Petrograd, l'an dernier,

Kerensky venait de charger sur ses épaules l'écrasant fardeau du pouvoir.

Il nous adjurait d'aller à Stockholm. Il voulait croire à la social-démocratie allemande. Il caressait ce noble rêve de voir la Révolution russe faire le tour du monde, apportant à tous, avec le concours de tous, la paix des peuples, la paix démocratique.

Mais à l'encontre de tant d'autres, il se refusait, en attendant, à jeter bas les armes. Il faisait un effort admirable — auquel l'avenir rendra justice — pour galvaniser l'armée russe, pour retarder sa décomposition.

Cet effort échoua et ce fut la débâcle.

Le Gouvernement provisoire tomba. Les troupes se débandèrent. Lénine et Trotzky fondèrent une ombre de pouvoir, sur les ruines du pays. Les Allemands, vainqueurs sans combattre, marchèrent sur Kieff, sur Petrograd et ce fut la paix de Brest, la paix telle que les Bolcheviks l'avaient voulue, telle que les pangermanistes l'avaient promise : la paix sans indemnités ni annexions, avec droit des peuples à disposer d'eux-mêmes.

La paix sans indemnités.

Demandez ce qu'en pensent les paysans de l'Ukraine dont on prend le blé et les terres, les Roumains, dont on prend le pétrole !

La paix sans annexions : le droit des peuples à disposer d'eux-mêmes.

Songez à la Finlande, à la Pologne, aux Provinces Baltiques, à la Russie même.

Et si vous doutez encore que pour rétablir en Europe un ordre véritable, pour sauver la Révolution russe, aussi bien que pour délivrer la Belgique et la France, fonder le droit des peuples, créer la Société des nations, il est indispensable que la victoire soit complète, demandez à Kerensky ce qu'il en pense : ce n'est pas à Stockholm qu'il nous appelle, c'est à Arkhangel et à Vladivostock !

On dit qu'à la veille de Brest-Litovsk, Lénine aurait eu ce mot terrible :

« Le peuple russe a un tel besoin de paix, qu'il est prêt à tout, fût-ce à se laisser enfermer dans une étable, pour avoir un moment de répit. »

Or, ce répit, il n'a pas pu l'obtenir.

Il n'est ni en paix ni en guerre, mais il connaît toutes les hontes d'une paix de capitulation, en même temps que tous les maux de la guerre extérieure, aggravée de la guerre civile.

Et c'est pourquoi dans cette Russie même, qui a plus que tout autre peuple souffert de la guerre, qui l'a commencée sous le knout du Tsar, qui l'a subie encore sous les mitrailleuses des Bolcheviks, et qui, ruinée, affamée, saignée aux quatre veines, était « prête à tout » pour que la guerre finisse, ils sont toujours plus nombreux ceux qui, avec Kerensky, avec Bourtseff, avec les socialistes révolutionnaires, demandent que la guerre continue, jusqu'à ce que la démocratie triomphe.

*
* *

Je conclus par le rappel d'un illustre souvenir :

En 1910, au moment d'Agadir, Jaurès acheva d'écrire le premier volume du grand ouvrage qu'il avait conçu, sous ce titre général : *L'Organisation socialiste de la France.*

Avant d'expliquer comment il concevait la société de l'avenir, avant de proposer les réformes profondes qui devaient préparer la transformation, il voulait que la France fût mise à l'abri de toute agression.

Et, dès la première page de son livre, il posait la question en ces termes :

Comment porter au plus haut, pour la France et pour le monde incertain dont elle est enveloppée, les chances de paix? Et si, malgré ses efforts et sa volonté de paix, elle est attaquée, comment porter au plus haut les chances de salut, les moyens de victoire?

Jaurès a payé de sa vie son apostolat héroïque pour maintenir la paix quand même.

Ceux-là seuls seront fidèles à sa mémoire qui, dans la résistance à l'agression impérialiste, porteront au plus haut les chances de salut, les moyens de victoire de la démocratie.

TABLE DES MATIÈRES

I — Impressions de guerre

II — Entre socialistes

III — La supériorité des démocraties

IV — Pour notre existence nationale

V — Belgique, France et Angleterre

VI — La Révolution russe

VII — Pourquoi nous luttons

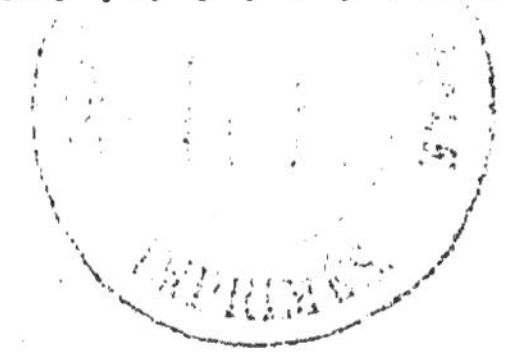

NANCY, IMPRIMERIE BERGER-LEVRAULT — FÉVRIER 1919

BERGER-LEVRAULT, LIBRAIRES-ÉDITEURS

NANCY - PARIS - STRASBOURG

Un Américain d'aujourd'hui. *Scènes de la vie publique et privée aux États-Unis,* par Brand WHITLOCK. Traduit de l'anglais par Mme Henry CARTON DE WIART. 1917. Volume in-12, avec 2 planches . . . . 4 fr.

Essai sur les Nationalités, par J. DE MORGAN, ancien directeur général des Antiquités de l'Égypte, ancien délégué général en Perse du ministère de l'Instruction publique. 1917. Volume in-8. . . . . 3 fr.

De la Succession d'Autriche. *Essai sur le régime des pays autrichiens avant, pendant et après la guerre,* par Étienne FOURNOL. Nouvelle édition. 1918. Volume in-12 . . . . 3 fr. 50

Guerre et Civilisation, par Christophe NYROP, professeur à l'Université de Copenhague. Traduit du danois par Emm. PHILIPOT. 1917. Vol. in-12. 3 fr.

Culture et Kultur, par Gaston GAILLARD. 2e édition, revue et corrigée. 1915. Volume in-8 . . . . 3 fr.

Germania. *L'Allemagne et l'Autriche dans la civilisation et dans l'histoire,* par René LOTE, agrégé de l'Université, docteur ès lettres. 2e édition. 1917. Volume in-12 . . . . 3 fr. 50

Le Sens des Réalités, Sagesse des États. *Leçons politiques de la guerre,* par René LOTE. 1917. Volume in-12 . . . . 3 fr. 50

L'Allemagne de demain, par Arthur CHERVIN, ancien président de la Société de Statistique de Paris et de la Société d'Anthropologie. 1917. Volume grand in-8, avec 8 cartes . . . . 6 fr.

L'Autriche-Hongrie de demain. *Les différentes nationalités d'après les langues parlées,* par le même. 1917. Vol. gr. in-8, avec 6 cartes . . 3 fr. 50

Deux Républiques : France et Suisse. *Études sociologiques,* par UN DIPLOMATE. 1912. Volume in-12. . . . . 3 fr. 50

La Grande Nation. (La France devant l'Europe.) *Études sociologiques,* par Jules D'AURIAC. 1910. Volume in-12 . . . . 2 fr.

La France d'aujourd'hui et la France de demain. *Études sociologiques,* par Jules D'AURIAC. Nouvelle édition. 1908. Volume in-12. 2 fr. 50

Cinq ans d'Histoire grecque, 1912-1917. Discours prononcés à la Chambre des Députés, en août 1917, par E. VENIZELOS, président du Conseil, N. POLITIS, E. RÉPOULIS et G. CAFANDARIS. Traduction de Léon MACCAS, autorisée par le Gouvernement grec. 1917. Volume in-8. . . . . 4 fr.

La Hollande et la Guerre, par Louis PIÉRARD. 1917. Volume in-12. . 75 c.

Pour la Repopulation et contre la Vie chère, par Alfred KRUG, membre de la Chambre de Commerce de Nancy. Lettre-préface de M. Édouard HERRIOT, maire de Lyon, sénateur du Rhône. 1918. Volume in-12. 3 fr. 50

Du Régionalisme au Nationalisme financier, par Jean BUFFET, ancien inspecteur des Finances. 1917. Volume in-12 . . . . 3 fr. 50

La Vérité territoriale et la Rive gauche du Rhin, par F. DE GRAILLY. Nouvelle édition. Préface de M. Ernest BABELON, membre de l'Institut. 1917. Volume in-12 de 432 pages . . . . 3 fr. 50

Trois ans de front. *Belgique, Aisne et Champagne, Verdun, Argonne, Lorraine. Notes et impressions d'un Artilleur,* par J.-L.-Gaston PASTRE. 1918. Volume in-12. . . . . 3 fr. 50

BERGER-LEVRAULT, LIBRAIRES-ÉDITEURS

NANCY - PARIS - STRASBOURG

Du même Auteur

La Belgique envahie et le Socialisme international. Préface de Marcel SEMBAT. 7e édition. 1918. Volume in-12, avec portrait de l'auteur. . 3 fr. 50

Le Socialisme contre l'État. *Problèmes d'après-guerre.* 1918. Volume in-12 . . . . 3 fr.

Pour la Paix démocratique par la Victoire. *Brochure de propagande.* 1919. In-16. . . . . 20 c.

Trois Aspects de la Révolution russe. *7 mai-25 juin 1917.* 1918. Volume in-12 . . . . 2 fr. 50

La Vérité sur les Déportations belges. *Étude historique et économique.* Préface de Émile VANDERVELDE, membre du Conseil des ministres de Belgique. 9e mille. 1917. Volume in-12. . . . . 1 fr.

La Question flamande et l'Allemagne, par Fernand PASSELECQ, directeur du Bureau documentaire belge au Havre. 8e édition. 1917. Volume in-12, avec 2 cartes. . . . . 4 fr.

Les Déportations belges à la lumière des documents allemands, par Fernand PASSELECQ, directeur du Bureau documentaire belge au Havre, avocat à la Cour d'Appel de Bruxelles. 13e mille. 1917. Volume gr. in-8, avec de nombreux fac-similés et la reproduction des documents belges 7 fr. 50

Le Second Livre Blanc allemand. *Essai critique et notes sur l'altération officielle des Documents belges,* par le même. 11e mille. 1916. Volume in-12 avec de nombreux fac-similés inédits. . . . . 1 fr.

La Réponse du Gouvernement belge au Livre Blanc allemand du 10 mai 1915 (*Die völkerrechtswidrige Führung des belgischen Volkskriegs*). Étude analytique de la publication officielle du Gouvernement belge, par le même. 13e mille. 1916. Volume in-12. . . . . 60 c.

La Belgique et les Belges pendant la Guerre, par le commandant A. DE GERLACHE DE GOMERY, docteur *honoris causa* de l'Université de Louvain. 5e édition. 1917. Volume gr. in-8, avec 180 illustrations et 6 cartes. 6 fr.

Un Royaume en exil. *La Belgique du dehors,* par Maurice DES OMBIAUX. 1917. Volume in-12 . . . . 3 fr.

La Belgique en France. — Les Réfugiés et les Héros, par Pierre NOTHOMB. Préface de Émile VERHAEREN. 1917. Volume in-12. . . . . . 3 fr.

La Magistrature belge contre le Despotisme allemand, par Fernand PASSELECQ, avocat à la Cour d'appel de Bruxelles. 1918. Vol. in-12. 2 fr. 50

La Presse clandestine dans la Belgique occupée, par Jean MASSART, vice-directeur de la classe des Sciences de l'Académie de Belgique. 4e mille. 1917. Volume grand in-8, avec 26 fac-similés hors texte. . . 6 fr.

Les Établissements d'Artillerie belges pendant la Guerre, par le commandant Willy BRETON, de l'armée belge. Préface de Émile VANDERVELDE, ministre d'État. 1917. Volume gr. in-8, avec 61 photogr. hors texte. . 6 fr.

La Campagne anglo-belge de l'Afrique Orientale allemande, par Charles STIÉNON. Préface de M. le baron DE BROQUEVILLE, ministre de la Guerre et président du Conseil des ministres de Belgique. 10e édition. 1918. Volume in-12, avec 46 illustrations hors texte et 2 cartes. . . 6 fr.

NANCY, IMPRIMERIE BERGER-LEVRAULT

www.ingramcontent.com/pod-product-compliance
Ingram Content Group UK Ltd.
Pitfield, Milton Keynes, MK11 3LW, UK
UKHW022102260726
13993UKWH00001B/274

9 782019 917883